Go Vista
City Guide

Köln

von Petra Metzger

Petra Metzger hat an der Universität Köln Kunstgeschichte studiert. Während des Studiums und danach war sie viele Jahre als Stadtführerin tätig. Inzwischen arbeitet sie vorwiegend publizistisch, schreibt über Architektur, Kunst- und Kulturgeschichte und Literatur.

www.vistapoint.de

Inhalt

Willkommen in Köln 4

Top 10 & Mein Köln

10 Top 10: Das sollte man gesehen haben 6
Mein Köln: Lieblingsplätze der Autorin 7

Stadttouren   mit Detailkarten

Die Altstadt: Kirche, Kultur und Kölsch 8
Urbane Vielfalt zwischen Hohe Straße und Hahnentor 17

Streifzüge   mit Detailkarte

Deutz: Ein Besuch auf der »Schäl Sick« 22
Streifzug ins Umland: Altenberger Dom 25
Streifzug ins Umland: Brühl 26

Vista Points – Sehenswertes

Museen 28
Kirchen 34
Architektur und andere Sehenswürdigkeiten 42

Erleben & Genießen

Übernachten 48
Essen und Trinken 52
Nightlife 60
Kultur und Unterhaltung 63
Shopping 67

Inhalt · Zeichenerklärung

Mit Kindern in der Stadt 70
Erholung und Sport 73

Chronik

Daten zur Stadtgeschichte 76

Service von A–Z

Service von A–Z 80

Register 92
Bildnachweis und Impressum 96

Zeichenerklärung

 Top 10
Das sollte man gesehen haben

 Mein Köln
Lieblingsplätze der Autorin

 Vista Point
Museen, Galerien, Architektur und andere Sehenswürdigkeiten

 Kartensymbol: Verweist auf das entsprechende Planquadrat der ausfaltbaren Landkarte bzw. der Detailpläne im Buch.

Willkommen in Köln

Ganz gegen den allgemeinen Trend und den demografischen Wandel ist Köln eine wachsende Stadt und eine junge Stadt dazu. 2010 hat die Einwohnerzahl die Millionengrenze überschritten. Mit rund 25 Prozent stellen die 18- bis 25-Jährigen die größte Bevölkerungsgruppe. Gut 30 Prozent aller Kölner haben Migrationshintergrund, womit nicht auf die römische Stadtgründung abgehoben wird. Jung, bunt und lebendig geht es also zu in der mittelalterlichen Kirchenmetropole und heutigen Medienstadt. Rund ein Drittel aller deutschen TV-Produktionen entstehen hier und sie verfestigen Kölns Ruf als Stadt der Unterhaltung und des rheinischen Frohsinns. Nicht allein Brauereien und Gastronomie, sondern auch Bimmelbahn- und Bierbike-Anbieter leben vom (feier-)lustigen und trinkfreudigen Image der Stadt, zu dem natürlich der Karneval maßgeblich beiträgt. Aber auch die Christopher-Street-Day-Parade als größtes Queer-Event Europas.

Doch die über 2000-jährige Stadt hat auch kulturell viel zu bieten: Römerturm und Praetorium, mittelalterliche Stadt-

mauer und zwölf romanische Kirchen, gotischen Dom und Renaissance-Rathaus, einen Friedhof aus der Franzosenzeit und preußische Forts, architektonische Kleinode aus den 1950er-Jahren, bedeutende Sammlungen alter und zeitgenössischer Kunst, eine lebendige Designszene und die Hochschule für Medienkunst. Nicht zuletzt bereichern neben Schauspiel, Oper und Philharmonie Events wie Art Cologne, lit.COLOGNE, MusikTriennale und die »Langen Nächte« die Kulturlandschaft der Stadt.

Andererseits hat sich Köln ein gewisses Maß an Provinzialität bewahrt, was manche charmant und andere peinlich finden. Es bildet den Humus, auf dem der berühmt-berüchtigte kölsche Klüngel gedeiht, der sich zwischen Kavaliersdelikt und Korruption bewegt. »Köln ist ein Gefühl«, lautet der vielzitierte Slogan, mit dem die Stadt für sich wirbt – aber eben kein eindeutiges. Im Klüngel kommen vielleicht die zwei Gesichter der Stadt am deutlichsten zum Ausdruck, die nicht zuletzt auch in beiden kölschen Originalen Tünnes und Schäl versinnbildlicht sind und so wiederum zum kölschen Mythos beitragen.

Top 10 & Mein Köln

Top 10: Das sollte man gesehen haben

1 **Kölner Dom mit dem Schrein der Heiligen Drei Könige**
S. 9, 10, 34 f. ➜ F9
Dass Rainald von Dassel die Gebeine der Heiligen Drei Könige nach Köln brachte, wurde zum Initial für eines der größten und bedeutendsten christlichen Bauwerke.

2 **Das Römisch-Germanische Museum mit Dionysos-Mosaik**
S. 9 f., 32 ➜ F9
1941 wurde der Mosaikboden eines römischen Festsaals entdeckt und bestimmte den Standort des Museums, das herausragende Fundstücke der römischen und germanischen Kultur präsentiert.

3 **Museum Ludwig**
S. 10, 30 ➜ F9
Eines der bedeutendsten Museen für moderne Kunst in Deutschland, das zum größten Teil auf der Stiftung des Ehepaars Peter und Irene Ludwig beruht.

4 **Alter Markt**
S. 12 f. ➜ F9
Mit Jan-von-Werth-Brunnen, »Platzjabbeck« und »Kallendresser« repräsentiert einer der schönsten Plätze der Stadt kölsche Eigenart und Brauchtum.

5 **Rathaus und Ratsturm**
S. 12, 14, 45 ➜ F9
Renaissancelaube und Ratsturmfiguren sind als Symbole des Kölner Bürgerstolzes entstanden.

6 **Wallraf-Richartz-Museum & Fondation Corboud**
S. 15, 33 f. ➜ F9
Das Museum beherbergt die weltweit umfangreichste Sammlung mittelalterlicher Malerei, zudem Kunstwerke vom 16. bis zum 20. Jh. sowie eine große und bedeutende Graphische Sammlung.

7 **Romanische Kirchen**
S. 35 ff. ➜ E/F9, F8, G8, G9, E10, G9, G10, F9/10, H8, H9, E9
Der Kranz der zwölf romanischen Kirchen – St. Andreas, St. Aposteln, St. Cäcilien, St. Georg, St. Gereon, St. Kunibert, St. Maria im Kapitol, St. Maria Lyskirchen, Groß St. Martin, St. Pantaleon, St. Severin und St. Ursula – zeugt bis heute von Kölns Bedeutung im Mittelalter.

 Rheinauhafen
S. 46 ➡ G–J10
Aus der einstigen Ausflugsinsel und dem späteren Industriehafen ist in den letzten Jahren ein ambitioniertes Wohnviertel mit Szenegastronomie geworden.

 Kolumba – Kunstmuseum des Erzbistums
S. 18, 29 ➡ F9
Peter Zumthors Neubau für das Diözesanmuseum Köln birgt eine außergewöhnliche Kunstsammlung vom frühen Christentum bis zur Gegenwart.

 Rautenstrauch-Joest Museum & Museum Schnütgen
S. 30 f., 31 f. ➡ G8/9
Im Herbst 2010 eröffnete das Kulturquartier am Neumarkt mit dem Museum Schnütgen für sakrale Kunst und dem Neubau des Rautenstrauch-Joest-Museums.

Mein Köln
Lieblingsplätze der Autorin

Liebe Leser,

1950er-Jahre-Charme, Oasen der Stille oder pulsierendes Leben: Meine Lieblingsorte zeigen die vielfältigen Qualitäten Kölns. Viel Spaß bei deren Entdeckung wünscht Ihnen

Petra Metzger

 Gürzenich
S. 15, 43 ➡ F9
Kölns »gute Stube« aus dem 15. Jahrhundert mit einzigartigem 1950er-Jahre-Flair. Das Veranstaltungs- und Festhaus mit eigenem Orchester wurde als Tagungsort der G-7- bzw. G-8-Gipfeltreffen 1999 weltweit bekannt.

 MediaPark am Abend
S. 44 ➡ D/E7/8
Einen besonderen Reiz bildet das Umspannwerk mit den drei dreieckigen Hologrammen auf dem Dach, die am Abend weithin sichtbar sind (s. S. 3).

 Fort X Rosengarten
S. 42 f. ➡ C10
Ein Highlight, das man suchen muss: ein Rosengarten auf dem Dach eines preußischen Forts.

 Kartäuserkirche
S. 36 ➡ H9
Die ehemalige Niederlassung des Kartäuser-Ordens stellt ein Kleinod gotischer Baukunst und einen Hort protestantischen Lebens in Köln dar.

 Rudolfplatz
S. 21 ➡ F/G7
Das mittelalterliche Hahnentor, lebendiges Treiben an Ringen und Aachener Straße, Eiscafé Breda, Millowitsch-Theater und Kölns schönste Leuchtreklame – das alles hat man am Rudolfplatz im Blick.

Stadttouren

Die Altstadt: Kirche, Kultur und Kölsch

Vormittag
Dom – Römisch-Germanisches Museum – Heinrich-Böll-Platz – Fischmarkt – Groß St. Martin – Alter Markt.
Mittag
Peters Brauhaus, Mühlengasse 1, oder **Haus Zur Brezel**, Alter Markt 20–22 ➜ F9
Nachmittag
Rathaus – Mikwe – St. Alban und Gürzenich – Farina – Eisenmarkt/Hänneschen Theater – Millowitsch-Denkmal – Kölner Pegel – Malzmühle.

Auf der **Domplatte** zwischen KölnTourismus und Domeingang stehen Fragmente des Nordtors, einst Teil der Stadtmauer der 50 n. Chr. zur römischen Stadt *Colonia Claudia Ara Agrippinensium* (kurz CCAA) erhobenen Siedlung. Nur wenige Meter entfernt befand sich eine erste frühchristliche Kultstätte, die damals buchstäblich am Stadtrand lag. Heute ist

Die Altstadt: Kirche, Kultur und Kölsch

Die Westfassade des Doms ragt 157 Meter in den Kölner Himmel

der auf einem Hügel thronende ❶ **Kölner Dom** → F9 weithin sichtbares Wahrzeichen und stellt für viele Einwohner nicht nur das Herz der Stadt, sondern zugleich auch den Nabel der Welt dar. Den Anstoß für den Bau der gotischen Kathedrale lieferte Erzbischof Rainald von Dassel, der 1164 die in Vergessenheit geratenen Gebeine der Heiligen Drei Könige aus Mailand mitbrachte. Geschicktem Reliquien-Marketing ist es zu verdanken, dass Köln damit zu einem bedeutenden Wallfahrtsort aufstieg. 1248 legte man den Grundstein; 1322 wurde der Chor mit seinen sieben Kapellen geweiht. Als um 1560 das Geld ausging, erlahmte die Bautätigkeit. Erst gut 300 Jahre später, dank Preußenkönig Friedrich Wilhelm IV., der den Kölner Dom zum Nationaldenkmal erklärte und seine Fertigstellung förderte, ging es weiter. Nach insgesamt 632 Jahren konnten die Kölner 1880 die Vollendung ihres Doms feiern.

Am 1974 eröffneten ❷ **Römisch-Germanischen Museum** → F9 gibt ein großes Schaufenster den Blick auf

Prunkstück im Römisch-Germanischen Museum: das 1941 wiederentdeckte Dionysos-Mosaik aus dem 3. Jahrhundert n. Chr.

das mächtige **Grabmal des Lucius Poblicius** frei, das Stück für Stück unter einem Wohnhaus am Chlodwigplatz ausgegraben wurde. Das weltberühmte, rund zehn mal sieben Meter große **Bodenmosaik mit der Darstellung des Dionysos**, bestehend aus 1,5 Millionen Steinchen, befindet sich hingegen noch am Originalfundort. Es zierte den Speisesaal einer römischen Stadtvilla aus dem 3. Jahrhundert n. Chr. und wurde erst 1941 entdeckt. Rechts neben dem Museum schaut man auf die rekonstruierte römische Hafenstraße hinab.

Links geht es an der Dombauhütte vorbei Richtung ❸ **Museum Ludwig**, für dessen umfangreiche Sammlung man ausreichend Zeit mitbringen muss. Der **Heinrich-Böll-Platz** ist zusammen mit dem Museumsneubau und der darunter liegenden Philharmonie entstanden. Der kleinste Kreis in der Bodenpflasterung des Platzes liegt exakt über der Dirigentenkanzel. Die Treppenanlage hinunter und weiter über die **Frankenwerft** kommt man zum **Stapelhaus** ➡ F10 und zum **Fischmarkt**. Köln hat eine lange Tradition als Handelsstadt für Wein, Fische, Gewürze und Textilien. Bis nach Köln verkehrten die flachen und schmalen

---

Dom innen

Wer ohne Führung die Kathedrale durchstreift, sollte auf jeden Fall das **Gerokreuz** gesehen haben, ein Holzkreuz aus dem späten 10. Jahrhundert von fast drei Metern Höhe. Folgt man dem Chorumgang über den prächtigen Mosaikfußboden, kommt man zum **Dreikönigsschrein**, einer herausragenden Goldschmiedearbeit aus der Zeit um 1200, die als größtes und künstlerisch wertvollstes Reliquiar des Mittelalters gilt. In der dahinter liegenden Achskapelle befindet sich das älteste Fenster des Doms, das **Ältere Bibelfenster** aus dem Jahr 1260. An der Marienkapelle grüßt die vor 1300 entstandene Himmelskönigin mit ebenfalls gekröntem Jesuskind, die sogenannte **Mailänder Madonna**, von einem Strebepfeiler. Gleich nebenan ist Stefan Lochners **Altar der Kölner Stadtpatrone** mit Ursula, Gereon und den Hl. Drei Königen zu sehen, den er um 1450 für die Ratskapelle angefertigt hatte. Das südliche Querhaus zeigt das jüngste Fenster des Doms: **Gerhard Richter** ist der Urheber dieses abstrakten Werks aus 11 263 Farbquadraten, das 2007 eingeweiht wurde.

Wer die 533 Stufen zur Besteigung der Domtürme scheut, kann im KölnTriangle mit dem Aufzug zur dortigen Aussichtsplattform fahren, die mit 103 Metern etwa gleich hoch liegt wie die des Doms.

Der »Altar der Kölner Stadtpatrone« in der Marienkapelle des Kölner Doms

Die Altstadt: Kirche, Kultur und Kölsch

Das Museum Ludwig der Architekten BDA Peter Busmann und Godfried Haberer vor dem Steingebirge des gotischen Doms

Oberländer Segelschiffe, die für das Befahren der mittelrheinischen Stromschnellen wendig genug waren. Ab Köln nutzte man die Niederländer Schiffe, die deutlich mehr Tiefgang hatten und daher nur für das Fahrwasser des Mündungsgebiets geeignet waren. Also wurde in Köln umgeladen. Alle Händler waren genötigt, ihre Transportgüter drei Tage lang zu stapeln und den Kölnern anzubieten. Diese machten von ihrem Vorkaufsrecht gerne Gebrauch, um die Ware anschließend neu verpackt und vor allem zu höheren Preisen überregional auf den Markt zu bringen. Erst als der Rhein mit Dampfschiffen, die ein Umladen der Güter unnötig machten, befahren wurde, versiegte diese bedeutende Einnahmequelle der Stadt.

Vom Fischmarkt blickt man auf den Chor der Kirche Groß St. Martin. Das **Martinsviertel** entstand auf einer früheren Rheininsel. Den Flussarm, der in römischer Zeit in Höhe des heutigen Alter Markts floss,

Der Fischmarkt und Kölner Brauhäuser zu Füßen der romanischen Kirche Groß St. Martin in der Kölner Altstadt

hat man im 10. Jahrhundert zugeschüttet und auf den Fundamenten römischer Speicherbauten mit dem Bau einer Martinskirche begonnen. Im 12. und frühen 13. Jahrhundert wurde diese durch die Benediktinerstiftskirche ❼ **Groß St. Martin** → F9/10, eine der zwölf romanischen Kirchen Kölns, ersetzt. Nach ihrem erst 1985 vollendeten Wiederaufbau dominiert der markante Vierungsturm wieder die Rheinvorstadt. Das Innere ist eher schlicht gehalten und lässt die romanische Architektur für sich sprechen. Die Neubauten neben der Kirche gehen auf den Architekten Joachim Schürmann zurück, der die Wohnbebauung den früheren Kreuzgang der Abtei nachzeichnen lässt.

Auf dem Platz vor der Kirche stehen zwei Kölner Kuriositäten. Zum Teil aus römischen Steinen aufgeschichtet erinnert die **Schmitz-Säule** nicht nur an die Insellage des Standorts, sondern auch daran, wie aus der Verbindung von römischen Soldaten und Ubiermädchen der Kölner Urmix entstanden ist. Und nicht zuletzt der kölsche Adel, der den Namen Schmitz, den am weitesten verbreiteten Familiennamen in der Domstadt trägt. In Bronze gegossen stehen hier **Tünnes und Schäl**, zwei Typen aus dem Hänneschen-Puppentheater und beliebte Witzfiguren. Tünnes mit Knollennase, Halstuch und Arbeitskittel gilt als gutmütig, sinnenfroh, trinkfreudig und bauernschlau. Schäl, lang, dünn und schielend, fühlt sich als etwas Besseres, trägt Sakko und Hut und erweist sich als auf seinen Vorteil bedachtes Schlitzohr und kühler Taktierer. Gemeinsam – so sagt die Legende – repräsentieren die beiden fiktiven Figuren Wesen und Mentalität der Kölner.

Das Martinspförtchen führt zum ❹ **Alter Markt** → F9. Hier hat man den ❺ **Ratsturm** mit seinem Figurenprogramm und mit dem hölzernen Kopf unter der Uhr, dem **Platzjabbeck**, im Blick. Ratsturm und Platzjabbeck sind Siegeszeichen dafür, dass Zünfte und Gaffeln, das sind die Vereinigungen der Handwerker und Kaufleute, 1396 den reichen Patrizierfamilien die Stadtherrschaft abtrotzten. Zur vollen Stunde klappt der Kiefer der bärtigen Figur herunter. Er *jabbt* (hochdeutsch: schnappt) erfolgreich nach der Macht. Später hat man noch eine Zunge hinzugefügt, die der Kopf mit jedem Glockenschlag herausgestreckt. Seither wird die Geschichte zuweilen auch umgekehrt erzählt. Die Fratze des »Schnappers« zeige den Bürgern, was der Rat wirklich von ihnen hält, heißt es dann. Doch die haben die passende Antwort pa-

Blick vom Chor ins Mittelschiff und zur dreifach gegliederten Westwand von Groß St. Martin

Die Altstadt: Kirche, Kultur und Kölsch

rat und halten den Stadtoberen mit dem »**Kallendresser**« den Spiegel vor. Ewald Mataré hat die Figur unter dem Dach des Hauses Nr. 24 gestaltet, die auf eine mittelalterliche Vorlage zurückgeht.

Der Alter Markt, der seit dem 12. Jahrhundert besteht, ist einer der wenigen Plätze Kölns, die zum Verweilen einladen, vor allem durch sein üppiges Angebot an Außengastronomie. Er spielt vor allem im Karneval eine Rolle, wenn am 11.11. hier die Sessionseröffnung und an Weiberfastnacht der Beginn des

Der »Kallendresser« am Alter Markt Nr. 24 verrichtet seine Notdurft in der Regenrinne

Das einzig Wahre: Kölsch und Brauhaus

Kölsch ist ein Bier und eine Sprache, also in beiden Fällen mundgerecht und flüssig. Es kommt selten vor, dass Trinken und Reden, Getränk und Gespräch namentlich so unzertrennlich sind, wie man vielleicht am besten in einem der vielen kölschen Brauhäuser erleben kann. Der *Zappes* steht am Hahn, der *Köbes* serviert das Kölner Nationalgetränk. Jener ist traditionell nicht übermäßig freundlich und bekannt dafür, dass er nicht auf den Mund gefallen ist. Die Gäste werden konsequent geduzt und ihr Verhalten gerne öffentlich kommentiert. Beliebtestes Fettnäpfchen, in das man treten kann: kein Kölsch zu trinken.

Schon bei Tacitus wird das *cervisias* der Germanen erwähnt, das bereits eine Schaumkrone gehabt haben soll. Doch erst seit dem 12. Jahrhundert sind Kölner Brauer bezeugt. Über Met und Gruitbier (Kräuterbier) war es ein langer Weg zum blanken Kölsch, dessen Erfolgsgeschichte erst nach dem Zweiten Weltkrieg begann. Kölsch ist ein helles, obergäriges Bier, das nur in Köln und im Kölner Umland gebraut werden darf. Etwa 20 Marken des als bekömmlich bezeichneten Biers sind auf dem Markt. Es wird – besonders für süddeutsche Besucher ungewöhnlich – in 0,2-Liter-Gläsern (Stangen) ausgeschenkt, die der Köbes statt auf einem Tablett in einem Kölschkranz transportiert, in dem sich mehrere Gläser pyramidenartig stapeln lassen.

Zu jedem Brauhaus gehört ein *Beichtstuhl*, so nennt man den hölzernen Einbau, von dem aus alle Bereiche der Wirtschaft gut überblickt werden können. Er wird auch *Thekenschaaf* oder *Kontörchen* genannt. Darin hatte der Wirt seinen Platz und kontrollierte die Bierausgabe und die Abrechnungen des Köbes.

»Drink doch ene mit ...«: Brauhaus »Früh am Dom«

Straßenkarnevals gefeiert wird. Denn hier steht der **Jan-von-Werth-Brunnen**, dessen Figurenschmuck die unglückliche Liebesgeschichte von Johann von Werth, einem Reitergeneral aus dem Dreißigjährigen Krieg, zur Magd Griet erzählt. Ihr Höhepunkt wird jedes Jahr an Weiberfastnacht am Severinstor nachgespielt. Danach ziehen die Protagonisten mit einem lautstarken und feuchtfröhlichen Narrenzug über die Severinstraße hierher.

Gleich zwei Brauhäuser liegen an diesem Platz. An der Ecke zur Mühlengasse ist **Peters Brauhaus** angesiedelt. Nicht alle, die Kölsch mögen, lieben Petersbräu aus Monheim, doch der schöne Raum und die gute Küche machen das wett. Das **Haus Zur Brezel** ist das älteste Haus am Alter Markt und wird von der Gaffelbrauerei betrieben.

Neben dem Ratsturm führt eine kleine Treppe zum **Rathausplatz** ➡ F9, wo sofort die prächtige **Renaissancelaube** ins Auge sticht. Die Halle des ältesten ❺ Rathauses Deutschlands ist auch ohne Führung zugänglich. In der Galerie der Oberbürgermeister hängt das von Gerhard Richter gestaltete Portrait Fritz Schrammas, dessen Amtszeit 2009 endete. Im Obergeschoss liegt der zentrale Tagungs- und Repräsentationssaal, der Hansasaal aus dem 14. Jahrhundert, der nach dem Zweiten Weltkrieg wiederhergestellt wurde.

Der Platz vor dem Rathaus war früher dicht bebaut. Hier lag der römische Statthalterpalast, dessen Fundamente noch im **Praetorium** (Eingang Kleine Budengasse 2) zu besichtigen sind. Als Hauptstadt Niedergermaniens mit rund 20 000 Einwohnern diente es im 3. Jahrhundert als kaiserliche Residenz.

Man vermutet, dass schon seit Ende des 1. Jahrhunderts Juden in Köln ansässig waren. Bis ins 11. Jahrhundert war die Gemeinde stark angewachsen. Das Straßenschild Judengasse weist darauf hin, dass der Rathausplatz Teil des **Jüdischen Viertels** war, an dem zum Beispiel Synagoge, Backhaus, Tanzhaus und Hospital der Gemeinde lagen. Unterbrochen von Pogromen (die sogenannte »Judenschlacht« 1349) und Zerstörung ihrer Bauten, haben die 50 Kölner jüdischen Familien ihre Synagoge immer wieder auf- und ausgebaut, bis sie 1424 endgültig aus der Stadt getrieben wurden. Die Bauten wurden niedergelegt, die Synagoge kurzerhand durch die Ratskapelle »Maria in Jerusalem« ersetzt. Erst 1956 wurde hier die 16 Meter tiefe **Mikwe** entdeckt, die heute durch ein Glasdach einsehbar und geschützt ist. Das Grundwasserbecken diente der rituellen Reinigung des Körpers und von Gebrauchsgegenständen.

Geplant ist eine **Archäologische Zone,** die die Gra-

Stefan Lochners »Muttergottes in der Rosenlaube« (um 1440–42) im Wallraf-Richartz-Museum

Die Altstadt: Kirche, Kultur und Kölsch

»Die trauernden Eltern« von Käthe Kollwitz in den Ruinen der Kirche Alt St. Alban gleich neben dem Gürzenich

bungsstätten verbindet und anhand von Orginalfunden am Orginalschauplatz Einblicke in 2000 Jahre Stadtgeschichte gibt. Aufgrund von Finanzierungslücken verzögern sich jedoch die Arbeiten. Ob über der Zone noch ein Haus und Museum der jüdischen Kultur entstehen wird, wie die Ursprungsplanung vorsah, ist zurzeit nicht abzusehen.

An der Ecke gegenüber vom Gülichplatz hat das Stammhaus der Firma **Farina** ➜ F9 seinen Sitz. Johann Baptist Farina unterhielt hier ein Geschäft für französische Luxuswaren. 1714 trat sein Bruder Johann Maria Farina in das Unternehmen ein. Er war Parfumeur und kannte die Feinheiten zur Herstellung feinster Duftwasser, damals *aqua mirabilis* genannt. Weil er im stinkenden Köln die wunderbaren Aromen seiner italienischen Heimat vermisste, entwickelte er sein *Farina aqua mirabilis*, das nach seinen Aussagen den »frischen Duft eines italienischen Morgens« hat. Nach dem Produktionsort wurde es bald »Farina Eau de Cologne« genannt. Vor allem wenn Kölnisch Wasser eigentlich nicht Ihre Sache ist, sollten Sie den olfaktorischen Zauber Italiens beim Besuch des **Duftmuseums** probieren.

Nur ein paar Meter weiter befindet sich in einem Museumsneubau von Oswald Mathias Ungers das älteste Museum der Stadt, das 1861 eröffnet wurde. Bei den Ausschachtungsarbeiten für das neue ❻ **Wallraf-Richartz-Museum & Fondation Corboud** ➜ F9 wurden Teile einer römischen Tempelanlage sowie ein mittelalterliches Kellergewölbe entdeckt. Die Bauaufgabe für die umfangreiche Sammlung mittelalterlicher Kunst, von Barockbildern und Werken der Romantik und des Impressionismus sah die Einbeziehung der Kriegsruine von **St. Alban** vor. Als Mahnmal für den Frieden findet man darin die nach einem Entwurf von Käthe Kollwitz gefertigte Skulptur »Die trauernden Eltern«. Nach Kriegzerstörungen wurde der **Gürzenich** von den renommierten Architekten Karl Band und Rudolf Schwarz wiedererrichtet. Er ist ein hervorragendes Beispiel für die Architektur der 1950er-Jahre.

Die Bolzengasse führt Richtung Heumarkt, von dem die Faßbindergasse auf den Eisenmarkt mündet. Im 1802 gegründeten **Hänneschen Theater** ➜ F10 sind die Darsteller Stockpuppen und die Aufführungen finden in kölscher Mundart statt. Erzählt wird eine ewige Geschichte

Stadttouren

aus der mythischen Ortschaft Knollendorf und deren Personal. Hänneschen und Bärbelchen, Tünnes und Schäl, der stotternde Speimanes oder der Schutzmann Schnäutzerkowsky. Die Puppenspiele der Stadt Köln zeigen Stücke für Erwachsene und Kinder und führen zu Karneval eine eigene Puppensitzung durch, die schon frühzeitig ausverkauft ist.

Vor dem Theater steht das **Willy Millowitsch Denkmal** für den 1999 verstorbenen Volksschauspieler, der selbst aus einer Puppenspielerfamilie stammte. Erst um 1900 wechselte dessen Großvater zur Schauspielerei und fortan spielten die Millowitschens »persönlich«. Neben der Bronzeplastik erinnert auch eine Auszeichnung an ihn, die »Willy Millowitsch-Medaille«, die seit 2003 jährlich an Persönlichkeiten verliehen wird, die sich um das Weiterleben der Kölschen Sprache verdient gemacht haben.

Vielleicht machen Sie noch einen kleinen Abstecher zum Rhein. Hier, gleich neben der Auffahrt zur Deutzer Brücke steht der **Kölner Pegel**. Ein Schwimmkörper im Turm misst den Wasserstand. Während 3,48 Meter ein durchschnittlicher Wert ist, liegt bei 6,2 Meter die untere Hochwassermarke. Ab zehn Meter läuft das Wasser in die Altstadt hinein. Wenn Sie vom Wasser genug haben, nehmen Sie den Weg quer über den einst prächtigen mittelalterlichen **Heumarkt**, der durch die Rampe der Deutzer Brücke seinen Charme verloren hat. Das Denkmal des Preußenkönigs Friedrich Wilhelm III., umgeben von wichtigen Persönlichkeiten Preußens wurde 1878 als Referenz an die damalige preußische Regierung aufgestellt.

Auf der anderen Seite hat am Malzbüchel die über 150 Jahre alte Familienbrauerei zur **Malzmühle** ➜ G9 ihr Domizil. Bis 1912 stellte sie das »Kochsche Malzextrakt« her und schenkte Malzbier aus. Doch heute steht natürlich das frisch gezapfte Mühlenkölsch im Vordergrund. Das bodenständige Speiseangebot wusste schon Bill Clinton zu schätzen und entschied sich bei seinem Besuch anlässlich des G-8-Gipfels 1999 in Köln für rheinischen Sauerbraten mit Klößen. Die Malzmühle verfügt im Inneren über ein besonders schönes Exemplar eines »Beichtstuhls« (vgl. S. 13).

Kölner Altstadt-Panorama, von links: Groß St. Martin, Rathausturm, Museum Ludwig und Dom

Urbane Vielfalt zwischen Hohe Straße und Hahnentor

Kölle Alaaf! »De Lumpemänner« in Kölns fünfter Jahreszeit

Karneval

Köln ist ohne Karneval nicht denkbar. Vom Elften im Elften, elf Uhr elf bis zum Beginn der Fastenzeit »regiert« das Dreigestirn aus Prinz, Bauer und Jungfrau das närrische Volk. Zwischen Weiberfastnacht und Aschermittwoch befindet sich Köln im Ausnahmezustand: Geschäfte ruhen, aus Kneipen dröhnt Karnevalsmusik und Gruppen von Jecken stapfen selbst bei tiefstem Schnee verkleidet durch die Straßen. Der Kölner Karneval ist ein derber Spaß, wer erfolgreich mitmachen will, muss sich der ungehemmten Ausgelassenheit hingeben können. Der traditionelle Hochruf der Kölner Narren lautet Alaaf; Helau ist der Schlachtruf von Mainz und Düsseldorf.

Einen ausführlichen Termin-Festkalender gibt KölnTourismus jeweils im November für die folgende Session heraus.

Urbane Vielfalt zwischen Hohe Straße und Hahnentor

Museum für Angewandte Kunst – Minoritenkirche – Kolumba-Kunstmuseum – Dischhaus – Opernhaus – 4711-Haus – Breite Straße – Zeughaus – EL-DE-Haus – St. Maria in der Kupfergasse – Römerturm – Kreishausgalerie – St. Aposteln – Rudolfplatz und Hahnentor.

Die Tour bietet dank vieler Innenbesichtigungsmöglichkeiten auch bei schlechtem Wetter einen Leitfaden durch die Kölner Innenstadt.

Am Wallrafplatz beginnt die **Hohe Straße**, eine der wichtigsten und meistfrequentierten Einkaufsstraßen der Stadt und zugleich die erste Straße Kölns, der Cardo Maximus, die Hauptorientierungsachse aus der Römerzeit. Das **Museum für Angewandte Kunst Köln** ➜ F9 ist heute in einem von Rudolf Schwarz und Joseph Bernhard 1953–57 für das Wallraf-Richartz-Museum errichteten Neubau untergebracht, der das erste Museum von 1855–61 an der Stelle des Franziskanerklosters ersetzte. Der schöne Hof mit Resten des Kreuzgangs dient heute dem Museumscafé als Außengastronomie. Zu

Stadttouren

Museum für Angewandte Kunst: Blick zum Treppenaufgang mit der Brunnenfayence »Delphinreiter« (1915)

dem Komplex gehört noch die gotische **Minoritenkirche**.

Die Kolumbastraße führt zum ❽ **Kolumba – Kunstmuseum des Erzbistums** ➡ F9, das der Schweizer Stararchitekt Peter Zumthor geschaffen hat. Es schließt römische Ausgrabungen, die Ruine der **Kirche St. Kolumba**, die bis zu ihrer Zerstörung im Zweiten Weltkrieg eine der größten Pfarrkirchen war, und die von Gottfried Böhm in den 1950er-Jahren errichtete Kapelle »Madonna in den Trümmern« ein. In dem 2007 eröffneten »Museum der Nachdenklichkeit«, werden alte und zeitgenössische Kunst einander gegenübergestellt. Jedes Jahr im September findet ein Wechsel statt, der den Kunstbestand neu präsentiert – ein außergewöhnliches Konzept in einem wirklich außergewöhnlichen Gebäude.

Gleich gegenüber der Brückenstraße liegt das 1929 im Stil der Neuen Sachlichkeit erbaute **Dischhaus** des Architekten Bruno Paul. Das Verwaltungsgebäude mit dem sehenswerten Treppenhaus beherbergt heute ein Manufactum-Warenhaus. Überquert man die Tunisstraße, liegt links der **Offenbachplatz** mit dem 1957 eröffneten **Opernhaus** ➡ F8/9. Nachdem man die alte Oper am Rudolfplatz aufgrund von Kriegsschäden aufgegeben hatte, fand der Neubau von Wilhelm Riphahn seinen

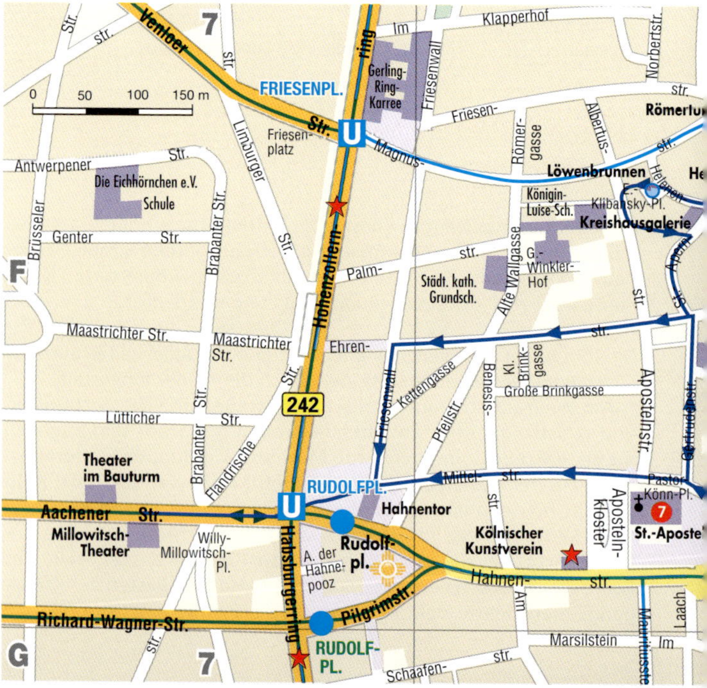

Urbane Vielfalt zwischen Hohe Straße und Hahnentor

4711 – Echt Kölnisch Wasser

Die Legende besagt, dass Kaufmann Wilhelm Mülhens 1792 die geheime Rezeptur eines »aqua mirabilis« als Hochzeitsgeschenk von einem Kartäusermönch erhielt. Bald darauf gründete er eine Manufaktur zur Herstellung dieses Wassers, das aufgrund der belebenden Wirkung, innerlich und äußerlich anwendbar, »aqua mirabilis« genannt wurde. Vor allem die Linderung von Herzklopfen und Kopfschmerzen versprach der »Wasserzettel«, der dem Fläschchen beilag.

Die genaue Rezeptur ist bis heute geheim, die Hauptbestandteile sind jedoch ätherische Öle, Zitrusfrüchte, Rosmarin, Lavendel und natürlich reiner Alkohol.

Im späten 18. Jahrhundert erlebte das Eau de Cologne seinen Aufschwung. Das Haus Mülhens wurde Hoflieferant, zahlreiche Prominente wie Wagner und Goethe bezogen ihr Wässerchen in Köln. Auch heute ist der Erfolg ungebrochen – das »4711 – Echt Kölnisch Wasser« wird in 60 Länder exportiert. Das Stammhaus kann besichtigt werden.

»4711 Echt Kölnisch Wasser«: das »Wunderwasser«, das Köln berühmt machte

Platz auf dem ehemaligen Gelände der Synagoge Glockengasse, die in der Reichspogromnacht 1938 zerstört worden war. Im Volksmund wird er gerne als »Grabmal des unbekannten Intendanten« oder ähnlich uncharmant betitelt. Manche bezeichnen Platz und Gebäude als

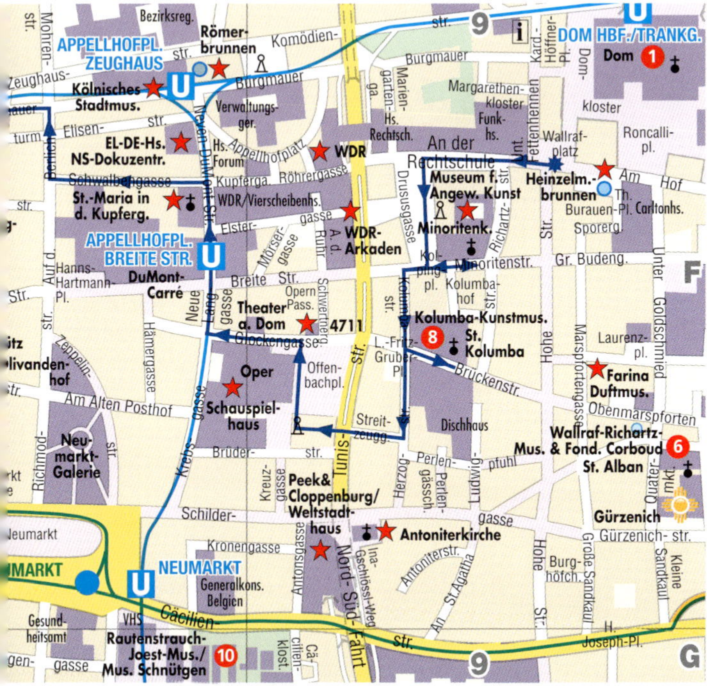

Schandmal, für andere ist es ein Highlight modernen Bühnenbaus, das von der Stadt über Jahre vernachlässigt wurde. Inzwischen wurde die Sanierung des denkmalgeschützten Ensembles, zu dem auch das ebenfalls von Riphahn entworfene **Schauspielhaus** gehört, in Angriff genommen. An die jüdische Vergangenheit des Ortes erinnert an der Fassade zur Glockengasse eine Gedenktafel.

Von hier aus blickt man direkt auf das **4711-Haus** ➡ F9. Es trägt seinen Namen nach der Hausnummer, die es in der Zeit der Franzosenherrschaft (1794–1814) erhielt. Die Besatzer beförderten Köln mit zahlreichen Reformen vom Mittelalter in die Neuzeit. Die Beleuchtung der Straßen bei Dunkelheit, die regelmäßige Straßenreinigung und die Durchnummerierung aller Häuser der Stadt gehörten dazu. An dem neugotischen Stammhaus der Firma Mülhens, erinnert das Glockenspiel zu jeder vollen Stunde mit der Marseillaise an die Entstehung des Markennamens.

An das 4711-Haus schließen sich die **Opern Passagen** an, durch die man die Breite Straße erreicht. Die **WDR-Arkaden** ➡ F9 beherbergen nicht nur Geschäfte und ein Fernsehstudio, sondern im oberen Teil auch die Kantine des Senders. Dahinter liegen mit Vierscheibenhaus und Archivhaus weitere Einrichtungen des WDR. Das **Kölnische Stadtmuseum** ➡ F8 im 1606 fertiggestellten früheren Zeughaus, das durch seine rot-weißen Fensterläden ins Auge sticht, ist von der Neven-DuMont-Straße zu sehen. Davor liegen rechts das Verwaltungsgericht und links das **EL-DE-Haus**, heute eine Gedenkstätte für die Opfer des Nationalsozialismus. 1935–45 diente das Gebäude der Geheimen Staatspolizei (Gestapo) als Zentrale. An den Wänden des hauseigenen Gefängnisses im Keller sind zahlreiche Zeugnisse der Häftlinge erhalten, die über deren Nöte und Ängste Aufschluss geben.

Leuchtende Kreise: die WDR-Arkaden (1991–96) nahe der Nord-Süd-Fahrt

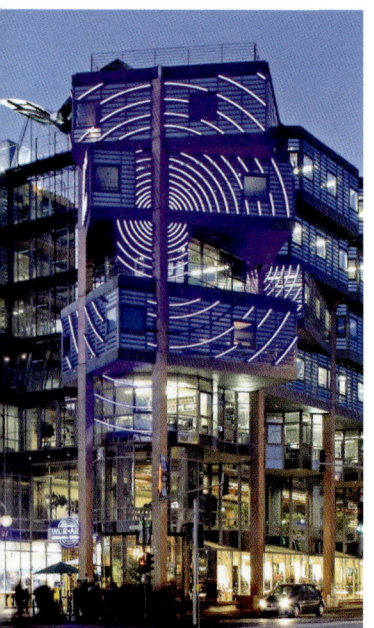

Bevor man in die Schwalbengasse einbiegt, lädt noch **St. Maria in der Kupfergasse** ➡ F8, eine vielbesuchte Wallfahrtskirche, zu einem Besuch ein. In der kleinen Loretto-Kapelle aus dem Jahr 1675 ist das Gnadenbild der Schwarzen Muttergottes ausgestellt. 1715 baute man die Kirche um die bis dahin freistehende Kapelle herum. Schwarz ist die Marienfigur, weil sie die Nöte und Krankheiten der Betenden auf sich genommen hat, sagt die Legende. Woche für Woche werden rund 5000 Kerzen für die Madonna aufgestellt. Am Karnevalssonntag vom Dreigestirn, das um ihren Segen für den Rosenmontag bittet. Und es heißt, auch der FC bringe ihr ein Opfer, wenn der Verein abzusteigen droht.

Über Auf dem Berlich und dann weiter über die Burgmau-

Urbane Vielfalt zwischen Hohe Straße und Hahnentor

er nach links erreicht man den **Römerturm**. Das reich dekorierte Monument aus dem 1. Jahrhundert bildete den nordwestlichen Eckpunkt der römischen Stadtmauer. Der bronzene Stadtgrundriss im Boden hilft bei der Orientierung in der Römerstadt und zeigt an der nächsten Straßenecke mit der Ruine des **Helenenturms** gleich das nächste römische Relikt an. Die Helenenstraße beschreibt eine Kurve, so dass man den kleinen versteckten Innenhof nicht sofort sieht. Das Straßenschild verrät seinen Namen: **Erich-Klibansky-Platz** ➜ F8. Hier stand 1919–41 die Jawne, das erste und einzige jüdische Gymnasium im Rheinland, und Erich Klibansky war ihr Direktor. Es gelang ihm, 130 seiner Schüler vor den Nazis in Sicherheit zu bringen, doch 1100, darunter er selbst und seine gesamte Familie, wurden deportiert und nahe Minsk umgebracht.

Das Kölnische Stadtmuseum mit der Autoskulptur »Goldener Vogel« des Aktionskünstlers HA Schult

Ihre Namen stehen auf den Bronzetafeln des **Löwenbrunnes** eingeschrieben. Mehr zur Geschichte der Schule erfährt man in der Dauerausstellung in der Kreishausgalerie, Albertusstr. 26: Lern- und Gedenkort Jawne am Erich-Klibansky-Platz (Infos unter: www.jawne.de).

Gleich neben der Gedenkstätte betritt man den gläsernen Gang der Kreishausgalerie die zur St. Apern-Straße führt. Nur wenige Meter weiter liegt die Kreuzung der **Ehren- und Apostelnstraße**, an deren Endpunkt mit ❼ **St. Aposteln** ➜ F8 wieder eine romanische Kirche zur Besichtigung einlädt. In der Neumarkt Passage lohnt sich ein Besuch des **Käthe Kollwitz Museums**.

Doch bei schönem Wetter rundet ein Bummel über die junge und bunte **Ehrenstraße** oder die edle und teure **Mittelstraße** diesen Weg ab. Beide führen in Richtung Hohenzollernring, der mit seinen Restaurants und Bars abends zur belebten Vergnügungsmeile wird. Schließlich lassen wir diese Tour auf dem **Rudolfplatz** ➜ F/G7 ausklingen. Dort steht das Hahnentor, eines von zwölf Toren der acht Kilometer langen Stadtmauer. Richtung Westen schließt sich die Aachener Straße an, an der in Sichtweite das **Millowitsch-Theater** liegt.

Ein paar Straßenecken weiter lädt der **Aachener Weiher** ➜ F/G6 mit seinem Biergarten zur Erholung ein. Bei schlechtem Wetter kann man vom hübschen Café des sehenswerten **Museums für Ostasiatische Kunst** auf den Weiher schauen. Ob Sie also verschnaufen oder ins Theater gehen möchten, eine rustikale Kölschkneipe, ein Fastfood-Lokal oder internationale Spezialitäten suchen, hier rund um den Rudolfplatz bleibt kein Wunsch offen.

Streifzüge

Deutz – ein Besuch auf der »Schäl Sick«

Nicht allein wegen des Blicks auf das linksrheinische Stadtpanorama lohnt ein Gang durch **Deutz** ➧ E–J10–13. *Schäl* steht für schielen oder blinzeln und für schlechtes Ansehen. Tatsache ist, dass im Rechtsrheinischen lange die Barbaren und in der Colonia die zivilisierten Römer lebten. Es gilt zwar längst nicht mehr als Feindesland, wurde aber doch über Jahrhunderte von den Kölnern wie ein Stiefkind behandelt. Man sagt, die Bezeichnung *schäl* gehe auf die Pferde zurück, die auf den Treidelpfaden die Schiffe rheinaufwärts zogen. Um sie vor den reflektierenden Sonnenstrahlen zu schützen, trugen sie auf der dem Wasser zugewandten Seite Augenklappen. Doch diese Mär lässt viele Fragen offen.

Gesichert ist, dass Kaiser Konstantin 310 die erste Rheinbrücke errichten ließ, deren Brückenkopf – ein Kastell für Hunderte römische Legionäre – Köln gegen die Franken sichern sollte. Das Gelände fiel später an den Kölner Erzbischof. Anfang des 11. Jahrhunderts gründete Erzbischof Heribert darauf eine Benediktinerabtei. 1230 bekam Deutz die Stadtrechte verliehen und blieb bis zur Eingemeindung 1888 eigenständig. Die Brücke verfiel und die Überquerung des Rheins war nur noch durch eine Fährenverbindung möglich.

Als Zankapfel zwischen rechts- und linksrheinischen Machtansprüchen litt Deutz immer wieder unter Kriegszerstörungen. Nach und nach siedelten sich rechtsrheinisch Wirte und Händler an, darunter viele Juden, denen seit 1424 der Aufenthalt in Köln verboten war. Im 19. Jahrhundert machte Deutz mit zahlreichen Vergnügungsetablissements von sich reden. Sie lockten die Kölner mit Konzerten, Tanz und vor allem Glücksspielen, denn diese waren in der Domstadt untersagt. Doch die Industrialisierung und die Stahlrösser mehrerer Eisenbahnlinien, die sich hier kreuzten, bereiteten dem Vergnügen ein Ende.

Die romanische Klosterkirche Alt St. Heribert am Deutzer Rheinufer

Deutz – ein Besuch auf der »Schäl Sick«

Streifzüge

Das »Henkelmännchen« in Deutz: die LANXESS arena (1996–98)

»Unser Deutz soll schöner werden«, nach diesem Motto ist der Stadtteil im Aufwind und erfährt seit dem Bau der Lanxess arena und dem Ausbau der Messe weitere große Veränderungen. Aus dem Lufthansa-Hochhaus der 1960er-Jahre an der Brückenstrasse entsteht das »maxCologne«, ein moderner und transparenter Gewerbe- und Gastronomiekomplex, davor der Rheinboulevard mit einer großzügigen Freitreppe. Zwischen Kennedy-Ufer und Mindener Straße sind noch Spuren des römischen Kastells zu finden, und die neue Bautätigkeit hat weitere Fundstücke der Deutzer Geschichte ans Tageslicht gebracht.

Zwischen Rheinufer und **Alt St. Heribert** ➡ F10 erinnert seit 1930 ein **Kürassierdenkmal** an die preußische Kavalleriekaserne, die hier bis 1919 existierte. Der Kirchbau der früheren Benediktinerabtei dahinter, wurde im 17. Jahrhundert errichtet und dient heute der griechisch-orthodoxen Gemeinde als Gottesdienstraum. Der aus dem 12. Jahrhundert stammende Heribertschrein mit den Reliquien des Klostergründers hat mittlerweile in **Neu St. Heribert** ➡ F11, der großen neoromanischen Kirche an der Deutzer Freiheit, seinen Platz gefunden. Sie wird auch »Düxer Dom« genannt. Am **Reischplatz** lag bis zu ihrer Verwüstung am 9. November 1938 die neue Synagoge, nachdem ihr Vorgänger im Zuge des Brückenbaus abgerissen wurde.

Auf der anderen Seite der Deutzer Freiheit führt die Graf-Geßler-Straße zum Von-Sandt-Platz und zeigt Deutz von seiner beschaulichen Seite. 1820 lagen hier die Deutzer Kasematten, die im Zuge der preußischen Umwallung errichtet wurden. In der Kasemattenstraße 8 erinnert eine Tafel an den Mitbegründer der sozialdemokratischen Arbeiterbewegung **August Bebel**, der dort am 22. Februar 1840 als Sohn eines preußischen Offiziers zur Welt kam.

Ein Stück neues Deutz repräsentieren die **Constantin Höfe**. Der Büro-, Gewerbe- und Wohnkomplex hat eine Brachfläche geschlossen und mit der drei Höfe einschließenden Anlage einen neuen und attraktiven städtebaulichen Akzent gesetzt. Jenseits der Justinianstraße liegt das **Stadthaus Deutz** und dahinter Kölns **LANXESS arena** ➡ F12, die wegen ihres 76 Meter hohen tragenden Bogens gerne als »Henkelmännchen« bezeichnet wird. Der **Deutzer Bahnhof** ➡ F11 erinnert an den »Deutzer Eisenbahnjammer«, als die Entwicklung zum Verkehrsknotenpunkt das Ende das Amüsierviertels bedeutete. Auf dem **Ottoplatz** vor dem Bahnhof steht ein Denkmal für Nikolaus August Otto, der in Köln den Verbrennungsmotor erfand.

Folgt man schließlich dem Kennedyufer nach Norden, läuft man an den 1920er-Jahre-Messebauten **Rheinhallen** ➜ E10/11 von Adolf Abel vorbei, die heute Sitz des Fernsehsenders RTL sind. Seit 1993 steht an der Rheinuferpromenade das **Messe-Mahnmal**, zum Gedächtnis an die Deportierten, Gefangenen und Ermordeten der NS-Zeit des Kölner Messelagers. Auf dem Messegelände gab es diverse Sektionen für ausländische Gefangene, ein Durchgangslager für Juden, Sinti und Roma und eine Abteilung für politische Häftlinge, in der 1944 auch Konrad Adenauer festgehalten wurde.

Hinter dem **Messeturm** erreicht man Kölns beliebte Open-Air-Bühne, den **Tanzbrunnen**, der in den **Rheinpark** ➜ D/E11 übergeht. 1957 und 1971 fanden hier Bundesgartenschauen statt. Bis zur Mülheimer Brücke erstreckt sich die Parklandschaft. Einige Skulpturen, Brunnen, Beete- und Wegeführung gehen noch auf die Planungen der 1950er-Jahre zurück. Neben dem Blütenzauber ist die **Kleinbahn**, die durch das Gelände fährt, ein besonderer Anziehungspunkt – nicht nur für Eisenbahnfans.

An der **Zoobrücke** liegt die **Claudius-Therme**, ein Thermalbad, das sich die römische Badekultur zum Vorbild genommen hat. Außerdem macht hier die **Rheinseilbahn** Station, in der Sie in sechs Minuten von der »Schäl Sick« wieder zurück aufs linksrheinische Ufer schweben können.

Streifzüge ins Umland

Altenberger Dom

Meist bedeutet der Nachmittagsausflug ins 20 Kilometer nordöstlich von Köln gelegene Altenberg einen touristischen Dreisprung: eine ungewöhnliche Kirche, erholsame Wälder und Waffeln (mit Sauerkirschen und Schlagsahne) – *die* Kaffee-und-Kuchen-Spezialität des Bergischen Lands.

Der **Altenberger Dom** ➜ aA4 (auch Bergischer Dom) ist Teil der 1133 errichteten ehemaligen Zisterzienser-Abtei Altenberg in der Gemeinde Odenthal. Den Grundstein zum Bau des gotischen Doms legte 1259 Graf Adolf IV. von Berg. Die Architektur der Kirche entsprach zunächst den

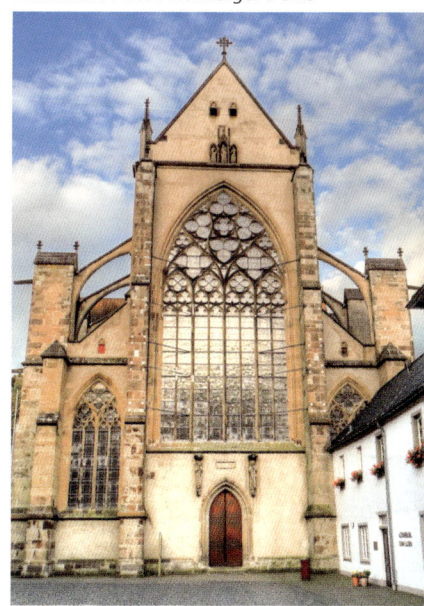

Westfassade des Altenberger Doms

strengen Bauvorschriften der Zisterzienser, die sich einfacher und gerader Formen bedienten, Kirchtürme (außer einem Dachreiter), farbige Figurenfenster und Farbschmuck waren verboten.

Die Glasfenster, für die der Altenberger Dom vor allem bekannt ist, wurden erst später verziert. Insgesamt 54 Fenster mit mittelalterlichen Glasmalereien sind erhalten. Imposant ist vor allem das prächtige, 18 mal acht Meter große Westfenster, das größte Kirchenfenster nördlich der Alpen. Es stellt das Himmlische Jerusalem dar und taucht den Dom je nach Stand der Sonne in herrliches bernsteinfarbiges Licht. Auf Anordnung des preußischen Königs wird die Kirche seit 1857 als Simultankirche genutzt, d.h. gemeinsam von der evangelischen und der römisch-katholischen Gemeinde. Der Dom wurde bis Ende 2005 gründlich saniert und kann tagsüber besichtigt werden.

Hier beginnen auch zahlreiche Rundwanderwege. Für Kinderfreuden sorgt seit 75 Jahren mit entsprechend nostalgischem Charme der pittoreske **Märchenwald**, in dem Szenen aus den klassischen Märchen der Gebrüder Grimm mit lebensgroßen Figuren nachgestellt sind. Im angeschlossenen Café »Märchenwald« sorgen Wasserspiele stündlich für tanzende Fontänen.

Im alten Zisterzienserkloster gegenüber der Kirche, das nach historischen Vorbildern restauriert wurde, lädt das Gartenrestaurant **Altenberger Hof** zur Rast ein.

Anfahrt: Regionalbahn RE1, RE5 oder S-Bahn-Linie S 6 bis Haltstelle Bahnhof Leverkusen-Mitte, Weiter mit der Buslinie 212 bis Altenberg.

Altenberger Dom
Eugen-Heinen-Platz 2
51519 Odenthal
✆ (022 02) 95 95 19
www.altenberger-dom.de
Kostenlose Führungen Sa 11, So 13 und 15.30 Uhr (ausgenommen Dez.)

Deutscher Märchenwald Altenberg
51519 Odenthal
✆ (021 74) 404 54
www.deutscher-maerchenwald.de
Tägl. März–Okt. 9–19, Nov.–Feb. bis 16.30 Uhr, Eintritt € 4,50/2,50

Brühl

Die Schlösser bei Brühl, die seit 1984 zum UNESCO-Weltkulturerbe gehören, kann man sich bequem während eines Nachmittagsausflugs ansehen. **Schloss Augustusburg** ➜ aC2, einst Residenzschloss des Kurfürsten Clemens August von Wittelsbach (1723–61), gilt als Meisterwerk des Rokoko. Es wurde 1725–68 auf einer ehemaligen Wasserburganlage errichtet. Bis zum Regierungsumzug von Bonn nach Berlin diente das Schloss dem Bundespräsidenten als Repräsentationssitz.

Sehenswert sind vor allem das berühmte **Treppenhaus** von Balthasar Neumann, die Porträts der Wittelsbacher, aber auch der nach Versailler Vorbild konzipierte barocke Schlosspark, der heute für Konzerte und andere Veranstaltungen genutzt wird.

Von hier aus geht man wenige Minuten durch ein Wäldchen bis zum **Schloss Falkenlust** ➜ aD2/3, dem Jagdschloss und Refugium des Fürsten. Das Gebäude entstand 1729–37 nach den Plänen des kurbayerischen Hofbaumeisters François de Cuvilliés. Den Standort wählte man aufgrund der hier entlangführenden Flugbahn der Reiher, die als beliebte Beute der Falkenjagd galten. Bei der Rückkehr nach Augustusburg bietet das **Schlosscafé** die Möglichkeit zur fürstlichen Einkehr.

Am 3. September 2005 eröffnete unweit des Schlosses Augustusburg das **Max Ernst Museum** ➡ aC/aD2, das sich zum Ziel gesetzt hat, die Gesamtheit des vielseitigen Schaffens des Dadaisten und Surrealisten (1891–1976) an seinem Geburtsort zu präsentieren. Für das einzigartige Museum wurde das klassizistische Benediktusheim um- und ausgebaut. Dem weißen, u-förmigen Altbau ist ein Glaspavillon angeschlossen, in dem sich der Kassenbereich befindet. Die chronologisch geordnete Dauerausstellung, bestehend aus Skulpturen, Bildern und Grafiken, wird durch zahlreiche Leihgaben ergänzt.

Anreise: Straßenbahn Linie 18 bis Brühl-Mitte oder DB-Zug bis Bahnhof-Brühl.

Schloss Augustusburg
Schlossstr. 6, 50321 Brühl
✆ (022 32) 440 00
www.schlossbruehl.de
Di–Fr 9–12 und 13.30–17, Sa/So 10–17 Uhr, Mo und Dez./Jan. geschl.
Besuch nur mit Führung, Eintritt € 5/4,50, Familienkarte € 12
Gärten und Park tägl. 8 Uhr bis Sonnenuntergang, Eintritt frei

Schloss Falkenlust
Postadresse, Telefon, Website und Öffnungszeiten wie Schloss Augustusburg
Eintritt ohne Führung € 3,50/3, Familienkarte € 8

Max Ernst Museum Brühl des LVR
Comesstr. 42, 50321 Brühl
✆ (022 34) 99 21-555
www.maxernstmuseum.de
Di–So 11–18 Uhr, 1. Do im Monat bis 21 Uhr
Eintritt € 5, ermäßigt € 3, bis 18 Jahre Eintritt frei

Ein Meisterwerk des Rokoko und UNESCO-Weltkulturerbe: Schloss Augustusburg

★ Vista Points – Sehenswertes

Museen, Kirchen, Architektur und andere Sehenswürdigkeiten

Museen

Deutsches Sport- und Olympia-Museum ➜ G10
Im Zollhafen 1, Innenstadt
℡ (02 21) 336 09-0
www.sportmuseum.info
Tägl. außer Mo 10–18, Sa/So 11–19 Uhr, Eintritt € 6/3, Familien € 14 (2 Erw. mit ihren Kindern unter 14 Jahren)
Die Dauerausstellung bietet eine Zeitreise durch 3000 Jahre Sportgeschichte. Ob Olympia, Tour de France, Tennis, Rudern, Reiten, Rodeln, Boxen, Formel 1 oder Fußball. Wechselnden Ausstellungen, Veranstaltungen, Möglichkeiten für eigene sportliche Aktivitäten.

Duftmuseum im Farina-Haus
➜ F9
Obenmarspforten 21, Innenstadt
℡ (02 21) 399 89 94
www.farinahaus.de
Mo–Sa 10–18, So 11–16 Uhr
Führungen für 5–20 Personen, Sa/So auch Kostümführungen
Eintritt € 5 (inkl. Duftpräsent)
1709 gegründetes Stammhaus der ältesten Kölnisch-Wasser-Fabrik. In der Belle Étage werden historische Möbel und Flakons, Herstellungsgeschichte, Rezepte und Essenzen aus 300 Jahren Duftkultur präsentiert.

So sieht das erste moderne Parfüm der Welt aus: Farina Eau de Cologne

Käthe Kollwitz Museum Köln
➜ F8
Neumarkt 18–24, Innenstadt
℡ (02 21) 227-26 02/-28 99
www.kollwitz.de
Tägl. außer Mo 10–18, Sa/So 11–18 Uhr, Führungen So 15 Uhr, Eintritt € 3/1,50, unter 6 Jahren frei
Dauerausstellung: Handzeichnungen, Skulpturen, Druckgraphik. Sonderausstellungen verschiedener Künstler, die im Zusammenhang mit Kollwitz stehen (im Obergeschoss der Neumarkt Passage).

Kölner Karnevalsmuseum
➜ westl. E4
Maarweg 134–136, Braunsfeld
U-Bahn 1 bis Maarweg
℡ (02 21) 574 00 74
www.koelnerkarnevalsmuseum.de
Do 10–20, Fr 10–17, Sa/So 11–17 Uhr (Jan.–März eingeschränkt geöffnet)
Eintritt €4/2,50, Familienticket € 9
Die Geschichte des karnevalistischen Treibens im Rheinland, Sitzungskarneval und *Veedelszöch*, das Dreigestirn und traditionelle Kostüme, Karnevalsmusik und die Organisation des Festkomitees, Künstlerbälle und Festwagen.

Kölnisches Stadtmuseum ➜ F8
Zeughausstr. 1–3, Innenstadt
℡ (02 21) 221-257 89
www.museenkoeln.de
Tägl. außer Mo 10–17, Di bis 20 Uhr, Führungen Sa 14.30, So 11.15 Uhr
Eintritt € 5/3
Ehemaliges **Zeughaus** (1594–1606) und **Alte Wache** (1840/41); präsentiert werden Objekte zur Stadtgeschichte vom Mittelalter bis zur Gegenwart.

Museen

Von der Ritterrüstung bis zum Kölschglas: Das Kölnische Stadtmuseum präsentiert Kölner Geschichte und das Alltagsleben vom Mittelalter bis in die Gegenwart

❽ Kolumba – Kunstmuseum des Erzbistums Köln ➡ F9
Kolumbastr. 4, Innenstadt
✆ (02 21) 933 19 30
www.kolumba.de
Tägl. außer Di 12–17 Uhr
Eintritt € 5/3, unter 18 Jahren frei
Das Kunstmuseum des Erzbistums Köln mit Werken von der Spätantike bis zur Gegenwart wurde mit diversen Architekturpreisen ausgezeichnet. Kolumba versteht sich als Ort individuellen Kunsterlebens und verzichtet auf erklärende Texttafeln. Stattdessen erhält jeder Besucher als Eintrittskarte einen Kurzführer mit einführenden Texten und einer Auflistung aller ausgestellten Objekte. Führungen finden prinzipiell außerhalb der regulären Öffnungszeiten statt. Bei schönem Wetter lädt der stimmungsvolle Innenhof zu einer Verschnaufpause ein.

Museum für Angewandte Kunst Köln ➡ F9
An der Rechtschule 2, Innenstadt
✆ (02 21) 221-238 60
www.museenkoeln.de/makk
Tägl. außer Mo 11–17 Uhr
Führungen Mi 11, Di, Sa/So 14.30 Uhr, Eintritt € 5/3
Eine der vier international bedeutenden Sammlungen dieser Art in Deutschland mit mehr als 100 000 Kunstobjekten (Möbel, Mode, Geräte und Textilien); Zeugnisse

Kolumba – Kunstmuseum des Erzbistums Köln (2007) des Schweizer Architekten Peter Zumthor in der Kolumbastraße

Vista Points

Raumaufnahme der ständigen Sammlung im Ostasiatischen Museum am Aachener Weiher

europäischer Lebens- und Wohnkultur aus allen Bereichen des Kunsthandwerks und des modernen Produkt-Designs vom Mittelalter bis zur Gegenwart.

Museum für Ostasiatische Kunst
➡ G6
Universitätsstr. 100
U-Bahn 1, 7 bis Universitätsstraße
✆ (02 21) 221-286 08
www.museenkoeln.de/mok
Tägl. außer Mo 11–17, 1. Do im Monat bis 22 Uhr, Führungen So 12 Uhr, Eintritt € 5/3

Ernst Ludwig Kirchners programmatisches Gemälde »Eine Künstlergemeinschaft« (1926) im Museum Ludwig

Museumsneubau von 1977. Ältestes europäisches Museum ausschließlich für ostasiatische Kunst (seit 1913) und die umfangreichste Sammlung in Deutschland zur Kunst Ostasiens. Schwerpunkte: buddhistische Plastik, chinesische Sakralbronzen, Farbholzschnitte, Möbel. Außerdem: **Japanisches Kulturinstitut** (✆ 02 21-940 55 80, www.jki.de), öffentliche Präsenzbibliothek (19 000 Titel) und schönes **Café** mit Blick auf den Aachener Weiher.

❸ **Museum Ludwig** ➡ F9/10
Heinrich-Böll-Platz, Innenstadt
✆ (02 21) 221-261 65
www.museenkoeln.de
Tägl. außer Mo 10–18, 1. Do im Monat bis 22 Uhr (ab 17 Uhr halber Preis), Eintritt € 10/7, Familienticket € 20
Neben Exponaten der deutschen Expressionisten sind Werke der russischen Avantgarde, des Surrealismus und der Pop-Art zu sehen. Rund 900 Picasso-Objekte bilden einen Schwerpunkt der Sammlung, die auf die Kunstmäzene Irene und Peter Ludwig zurückgeht. Dem Museum angeschlossen: das **Agfa Photo-Historama** (✆ 02 21-221-224 11), eine der bedeutendsten Sammlungen zur Geschichte der Fotografie. Das Café-Restaurant **Ludwig im Museum** bietet viele Bio-Produkte aus eigener Erzeugung, großzügige Außengastronomie auf dem Heinrich-Böll-Platz und Sonntagsfrühstück mit Livemusik.

❿ **Museum Schnütgen** ➡ G8/9
Cäcilienstr. 29, Innenstadt
✆ (02 21) 221-223 10
www.museenkoeln.de
Tägl. außer Mo 10–18, Do bis 20 Uhr
Eintritt € 5/3, Kombiticket (Schnütgen+RJM) € 9/6
Domkapitular Alexander Schnütgen (1843–1918) hat den Grundstein zu diesem Museum gelegt, indem er seine Kunstsammlungen

Museen

der Stadt Köln vermachte. Sakralkunst vom frühen Mittelalter bis zum 19. Jh. Untergebracht ist es seit 1956 in der romanischen Pfeilerbasilika ❼ **St. Cäcilien** (1130–60). Die kostbaren Holz- und Steinskulpturen, Bronze-, Silber- und Goldschmiedearbeiten, Textilien, Elfenbeinobjekte und Glasmalereien finden seit Herbst 2010 Platz in zwei neuen Ausstellungshallen.

Das Tympanon (um 1160) mit der Kirchenpatronin vom Nordportal der ehemaligen Stiftskirche St. Cäcilien

Das Museum teilt sich Veranstaltungsräume und das moderne Foyer mit dem Neubau des Rautenstrauch-Joest-Museum – Kulturen der Welt und bildet mit ihm gemeinsam das **Kulturquartier am Neumarkt**.

NS-Dokumentationszentrum EL-DE-Haus ➡ F8
Appellhofplatz 23–25, Innenstadt
✆ (02 21) 221-263 31
www.museenkoeln.de/ns-dok
Gedenkstätte tägl. außer Mo 10–16, Sa/So 11–16, 1. Do im Monat 10–22 Uhr, Eintritt € 4,20/1,80
Dauerausstellung, wechselnde Sonderausstellungen, Zentrum zur Erforschung der Geschichte des Nationalsozialismus mit Präsenzbibliothek. Das einstige Gestapogefängnis im Keller ist als Gedenkstätte zugänglich.

Odysseum ➡ aB3
Corintostr. 1, Kalk
U-Bahn 1, 9 bis Kalk-Post
✆ (02 21) 69 06 82 00
www.odysseum.de
Mo–Fr 9–18, Sa/So 10–19 Uhr
Eintritt € 14/9,50/7,50, Familienpass € 39,50
Der Abenteuer-Wissenspark bietet auf 5500 m² Experimentierfläche 200 Erlebnisstationen für unterschiedliche Altersstufen. Seine Erlebniswelten laden zu interaktiven Entdeckungen ein, die vom Leben der Dinosaurier bis zum modernen Computer reichen. Dazu ein Außenerlebnisbereich mit Kletterfelsen und Amphitheater.

❿ **Rautenstrauch-Joest-Museum – Kulturen der Welt** ➡ G8
Cäcilienstr. 29–33, Innenstadt

Zerbrechliche Kunst aus natürlichen Materialien im Depot des Rautenstrauch-Joest-Museums

Vista Points

✆ (02 21) 221-313 56
www.museenkoeln.de/rjm/
Tägl. außer Mo 10–18, Do bis 20 Uhr
Eintritt € 6/4, Kombiticket (Schnütgen+RJM) € 9/6
Der Mensch in seinen Welten und mit seinen Themen steht nach der Neueröffnung auf 3600 m² Fläche und über drei Etagen im Vordergrund. Exponate aus unterschiedlichsten Regionen der Erde werden nicht nach geografischen Gesichtspunkten, sondern ihrem Lebenszusammenhang entsprechend präsentiert und inszeniert. Schwerpunkt der Sammlung sind die präkolumbischen Hochkulturen Mittel- und Südamerikas, Indianerkulturen Amerikas, die alten Hochkulturen Südostasiens und Völker der Südsee.

❷ Römisch-Germanisches Museum ➜ F9

Roncalliplatz 4, Innenstadt
✆ (02 21) 221-244 38/-245 90
www.museenkoeln.de/roemisch-germanisches-museum
Tägl. außer Mo 10–17, 1. Do im Monat bis 22 Uhr, Führungen So 11.30 Uhr (nicht in den Schulferien), Eintritt € 6/3,50, Kombiticket

Spitzenwerk römischer Glaskunst im Römisch-Germanischen Museum: der glockenförmige Diatretbecher

mit Archäologischer Zone/Jüdischem Museum € 8/5
In den 1970er-Jahren über der Fundstelle des berühmten Dionysos-Mosaiks (220–230 n. Chr.) errichtet, ist das RGM bis heute eines der bestbesuchten Museen in Deutschland. Es zeigt Exponate des römischen Alltagslebens, Architekturteile, Porträts und Mosaiken, Bildwerke aus Stein, Bronze und Ton und eine kostbare Sammlung römischer Gläser. Zudem Fundstücke der europäischen und rheinischen Urgeschichte aus Stein-, Bronze- und Eisenzeit.

Blickfang im Römisch-Germanischen Museum: das zweigeschossige Grabmal des Legionsveteranen Lucius Poblicius (um 50 n. Chr.)

Museen ★

Es liegt im Rhein wie ein Schiff: das Schokoladenmuseum an der Rheinuferstraße

Schokoladenmuseum ➜ G10
Am Schokoladenmuseum 1a, Innenstadt
✆ (02 21) 93 18 88-0
www.schokoladenmuseum.de
Di–Fr 10–18, Sa/So 11–19 Uhr
Eintritt € 7,50/5, Familienkarte € 21
Führungen (+ € 1,50) Sa 14 und 16, So 11.30, 13, 14.30 und 16 Uhr
Museum zur Kulturgeschichte der Schokolade – von Anbau und Ernte der Kakaobohnen über das Kultgetränk der Maya und Azteken zum Luxusgetränk für jedermann. An der gläsernen Schokoladenfabrik kann man zuschauen, wie Tafeln, Figuren und Pralinen hergestellt werden und am Schokobrunnen in flüssiger Form probieren.

Skulpturenpark Köln ➜ C10/11
Elsa-Brandström-Straße, Eingang Riehler Straße
U-Bahn 18 bis Zoo/Flora
✆ (02 21) 33 66 88 60
www.skulpturenparkkoeln.de
April–Sept. 10.30–19, Okt.–März 10.30–17 Uhr, Eintritt frei
Der Skulpturenpark in einer Parkanlage mit altem Baumbestand wurde 1997 vom Sammlerehepaar Stoffel gegründet. Wechselnde Ausstellungen von Skulpturen weltberühmter Künstler. Der **Mobile Art Guide** für internetfähige Mobiltelefone liefert multimediale Informationen zu jedem Kunstobjekt.

Tanzmuseum des Deutsches Tanzarchivs Köln/SK Stiftung Kultur ➜ D8
Im Mediapark 7, Neustadt-Nord
U-Bahn 12, 15 bis Christophstraße/Mediapark
✆ (02 21) 88 89 54 44/00
Tägl. außer Mi 14–19 Uhr
Eintritt € 4,50/2, Mo frei
Seit 1997 existiert das weltweit erste Tanzmuseum, das zugleich als Ort der besonderen Begegnung mit der Tanzkunst fungiert.

❻ **Wallraf-Richartz-Museum & Fondation Corboud** ➜ F9
Obenmarspforten (am Kölner Rathaus), Innenstadt
✆ (02 21) 221-211 19
www.museenkoeln.de/wrm
Tägl. außer Mo 10–18, Do bis 21 Uhr, Eintritt € 7/4, Familienticket € 19, Ständige Sammlung unter 18 Jahren frei
Im Neubau des Kölner Architekten Oswald Mathias Ungers präsentiert die Pinakothek die

Vista Points

Vincent van Goghs »Die Zugbrücke« (1888) im Wallraf-Richartz-Museum

Galerie des Mittelalters mit Meisterwerken der Kölner Malerschule (u.a. Lochners berühmte »Madonna im Rosenhag«), die Abteilungen Barock (mit Werken von Rembrandt, Rubens u.a.), das 18./19. Jh. (Deutschlands umfangreichste Sammlung von Impressionisten und Postimpressionisten), die Sammlung Corboud und die Graphische Sammlung. Zum Erholen bietet sich das **Café-Restaurant** im Museum an.

Kirchen

Antoniterkirche ➡ F9
Schildergasse 57, Innenstadt

Figurenschmuck der Parlerschule: am Petersportal an der Westfassade des Kölner Doms

☎ (02 21) 92 58 46 15
www.antonitercitykirche.de
Mo–Fr 11–19.30, Sa 11–17, So 9.30–19 Uhr
Die spätgotische, 1384 geweihte Kirche war Ordenskirche der Antoniter, die sich vornehmlich der Krankenpflege widmeten. 1802 wurde sie nach der Säkularisation das erste protestantische Gotteshaus der Stadt. Herausragendes Ausstattungstück ist der »Todesengel« von Ernst Barlach (1938) mit den Gesichtszügen der Käthe Kollwitz (Zweitguss; der Erstguss für den Dom von Güstrow wurde im Zweiten Weltkrieg zerstört).

❶ **Kölner Dom** ➡ F9
www.koelner-dom.de
Tägl. 6–19.30, Mai–Okt. bis 21 Uhr, Domchor Sa ab 13.30, So nur 13–16.30 Uhr
Führungen Mo–Sa 11, 12.30, 14 und 15.30, So 14 und 15.30 Uhr, € 5/3
Turmbesteigung nach Jahreszeit 9–16, 17 oder 18 Uhr, € 3/1,50
Domschatzkammer tägl. 10–18 Uhr, Eintritt € 4/2, Familienkarte € 8
Kombikarte Schatzkammer & Turmbesteigung € 6/3
Die Grundsteinlegung erfolgte 1248, 1322 die Chorweihe, um

Kirchen

Pontifikalamt im Kölner Dom zur 750-Jahr-Feier (1998)

1530 der Baustopp. Weiterbau und Vollendung 1842–80. Der Dom war noch bei seiner Fertigstellung im 19. Jh. das größte Gebäude der Welt. Trotz 14 Bombentreffern und zahlreichen Bau- und Gewölbeschäden überstand die Kathedrale den Zweiten Weltkrieg.

1996 wurde der **Dom St. Peter und Marien** in die UNESCO-Liste des Weltkulturerbes aufgenommen. Im Durchschnitt betreten pro Tag 10 000 Besucher den Dom.

❼ **Groß St. Martin** ➨ F9/10
An Groß St. Martin 9, Innenstadt
✆ (02 21) 221-16 42 56 50
Di–Sa 8.30–19.30, So 13–19.15 Uhr
Vorgängerkirchenbauten entstanden auf den Fundamenten römischer Lagerhallen aus dem 2. Jh., Reste können in der Unterkirche besichtigt werden. Nach einem Stadtbrand wurde die Benediktinerkirche 1150–1240 in der heutigen Form erbaut. Einzige Kölner Kirche, in der Wandmalereien aus dem 19. Jh. erhalten sind. 2009

wurde St. Martin erneut Ordenskirche. Der Kölner Erzbischof übertrug die Basilika der 1975 gegründeten benediktinischen Gemeinschaft Fraternité de Jérusalem.

Kartäuserkirche ➡ H9
Kartäusergasse 7, Altstadt-Süd
U-Bahn 15, 16 bis Ullrepforte
✆ (02 21) 25 91 38 99
www.kartaeuserkirche-koeln.de
Mi, Fr 14–17 Uhr
Ordensgründer Bruno wurde 1030 in Köln geboren und baute in Frankreich die Gemeinschaft auf. Erst 1334 entstand die Kölner Niederlassung mit Mönchzellen, Landwirtschaft und einer umfangreichen Bibliothek. Sie wurde 1794 im Zuge der Säkularisation durch die Franzosen aufgehoben. 1922 hat man das einstige Klosterareal der Evangelischen Kirche übergeben.

Reizvoll sind der noch erhaltene Kreuzgang und die Engel- und Marienkapelle, die 1425/26 als nördliche Anbauten der Klosterkirche entstanden. Die alte Immunitätsmauer lässt erahnen, wie groß der Grundbesitz mit Gemüse-, Obst- und Weingärten für die Eigenversorgung des Klosters war.

Minoritenkirche ➡ F9
Kolpingplatz 5–11, Innenstadt
Tägl. 8–18 Uhr
✆ (02 21) 207 01 48
www.minoritenkirche.de
Die einzige noch erhaltene Kirche eines Bettelordens in Köln. Sie gehörte den Franziskanern, auch »Minderbrüder« genannt (lateinisch Minoriten). Der dreischiffige Bau stammt aus dem 13./14. Jh., vom spätgotischen Kreuzgang blieben wenige Bögen erhalten.

Akzente im Kölner Stadtpanorama: der mächtige Vierungsturm von Groß St. Martin vor den Domtürmen

Kirchen ★

Den Neumarkt dominiert St. Aposteln

❼ St. Andreas ➜ E/F9
Komödienstr. 4, Innenstadt
℅ (02 21) 16 06 60
www.sankt-andreas.de
Tägl. 8.30–18 Uhr, Krypta So–Fr 9.30–12 Uhr
Die aus spätromanischen (Langhaus) wie spätgotischen (Chor) Formelementen errichtete Pfarrkirche birgt in der Krypta die Gebeine des Universalgelehrten Albertus Magnus. Seit 1947 vom Dominikanerorden betreut. Ausstattung: gotische Wandgemälde aus der Zeit um 1325 mit Darstellungen aus dem Leben Marias; Altartafel der Rosenkranzbruderschaft des Meisters v. St. Severin, um 1510–15; Machabäer-Schrein; Krypta mit römischem Steinsarkophag, in dem sich die Gebeine des hl. Albert oder Albertus Magnus (1200–80) befinden.

Für den Marien- und den Machabäerchor hat der Maler und Bildhauer Markus Lüpertz insgesamt 12 Kirchenfenster entworfen, die 2005–10 eingesetzt wurden.

❼ St. Aposteln ➜ F8
Neumarkt 30, Innenstadt
℅ (02 21) 925 87 60
www.st-aposteln.de
Mo–Sa 7.30–20, So 9–19 Uhr
Romanische Kirche mit Dreikonchenchor; mit knapp 67 m höchster romanischer Kirchturm der Stadt (in kölscher Mundart: Apostelklotz). Romanisches Taufbecken; aus dem 15.–18. Jh. stammen die 14 Nothelfer, die als Gruppe im Westbau versammelt sind. Statuetten der 12 Apostel aus dem Jahr 1330.

St. Cäcilien
Vgl. Museum Schnütgen, S. 30 f.

❼ St. Georg ➜ G9
Georgsplatz 17
U-Bahn 3, 4 bis Severinstraße, 1, 7, 9 bis Heumarkt
℅ (02 21) 21 08 01
Tägl. 8–18 Uhr
Das Äußere dieser einzigen erhaltenen romanischen Säulenbasilika im Rheinland (Baubeginn 1059) wird vom fast 5 m dicken Westwerk aus Trachytmauern dominiert. Trypichon von Barthel Bruyn d.J., Gabelkruzifix aus dem frühen 14. Jh., expressionistische Glasfenster von Jan Thorn-Prikker (1868–1932?), Professor der Kölner Werkschulen. Im Kreuzgang: Grabstätten der Opfer, die beim Luftangriff auf die Kirche am 2. März 1945 ums Leben kamen.

Vista Points

❼ St. Gereon ➜ E8
Gereonskloster 2, Altstadt-Nord
✆ (02 21) 47 45 07
www.stgereon.de
Mo–Sa 10–18, So 12.30–18 Uhr, keine Besichtigung während der Sonntagsmessen 10 und 11.30 Uhr, Krypta Mi 15–17, Sa 10–12 Uhr
Der Legende nach geht der Gründungsbau auf die Initiative Kaiserin Helenas zurück, der Mutter Konstantins d. Gr. Laut Legende ließ sie über den Gräbern des hl. Gereon und weiterer Soldaten der Thebäischen Legion hier eine Kirche erbauen. Skelettfunde – vermutlich eines römischen Gräberfelds – scheinen diesen Ursprung zu bestätigen. Die Kuppel wird mit der Hagia Sophia verglichen. Sehenswert sind das imposante spätstaufische Dekagon, die spätromanische Taufkapelle und die dreischiffige Hallenkrypta mit Fußbodenmosaik (11. Jh.).

St. Kolumba ➜ F9
Kolumba-/Ecke Brückenstraße, Innenstadt
»Madonna in den Trümmern«, die ehemalige Pfarrkirche aus dem 13./15.Jh., wurde im Zweiten Weltkrieg bis auf die Außenmauern zerstört. Der Marienstatue zu Ehren, die wie ein Wunder erhalten blieb, wurde 1950 in den Trümmern der alten Kirche die heutige Kapelle errichtet. Architekt: Gottfried Böhm; Tabernakelaltar aus Marmor von Elisabeth Treskow, Holzfigur des hl. Antonius von Ewald Mataré (1937), Westfenster von Georg Meistermann (1948). Im neu eröffneten Gebäudekomplex sind römische Ausgrabungen, romanische Kirchenruinen, die Kapelle von G. Böhm und das ❽ **Kunstmuseum des Erzbistums Köln** vereint.

❼ St. Kunibert ➜ E10
Kunibertskloster 6, Innenstadt
✆ (02 21) 12 12 14
www.basilika-st-kunibert.de
Mo–Sa 10–13 und 15–18, So 15–18 Uhr
Die dreischiffige Gewölbebasilika, das nördliche Pendant zu St. Severin im Süden des linksrheinischen Kölnpanoramas, ist die jüngste und reichste im »Kranz« der 12 großen romanischen Kirchen von Köln (1210–61) und die Grabkirche des hl. Kunibert. Die drei mittleren Fenster des Obergeschosses der Apsis sind unversehrte Originale romanischer Glasmalkunst. In der Krypta findet sich ein Brunnen aus römischer Zeit.

St. Mariä Himmelfahrt ➜ E9
Marzellenstr. 26 (nahe Dom), Innenstadt
Tägl. 9–18 Uhr (Vorhalle)

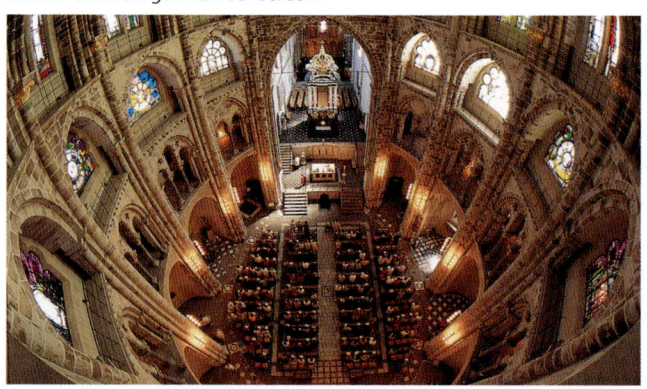

Blick in das Dekagon von St. Gereon

Kirchen

Ehemalige Jesuitenkirche aus dem Frühbarock (Grundsteinlegung 1618) mit reicher Ausstattung. Seit 1773 als Pfarrkirche genutzt und nach Kriegszerstörungen bis 1979 wiederaufgebaut.

❼ St. Maria im Kapitol ➜ G9
Kasinostraße 6, Innenstadt
✆ (02 21) 21 46 15
www.maria-im-kapitol.de
Tägl. 9.30–18 Uhr
Einer der bedeutendsten Sakralbauten des Abendlandes und die größte der romanischen Kirchen Kölns. Der Grundriss der Choranlage folgt dem der Geburtskirche in Bethlehem. Außerhalb der Kirche unterhalb der Apsis der Lichhof (»Leichenhof«), der ehemalige Friedhof, und das Dreikönigenpförtchen, durch das der Sage nach um 1164 die Gebeine der Heiligen Drei Könige in die Stadt getragen wurden.

St. Maria im Kapitol besitzt trotz Kriegszerstörungen prächtige Ausstattungsstücke wie zwei Holztüren aus dem 11. Jh., ein gegabeltes Pestkreuz, das um 1300 entstanden ist, einen Renaissancelettner und zwei bedeutende Grabplatten der Plektrudis.

❼ St. Maria Lyskirchen ➜ G10
An Lyskirchen 10, Innenstadt
✆ (02 21) 21 17 13
www.lyskirchen.de
Tägl. 10–18 Uhr
Die dreischiffige Emporenbasilika ist die kleinste der 12 romanischen Kirchen und die einzige, deren Gewölbemalereien aus dem 13. Jh. weitgehend erhalten sind. Bemerkenswert sind die spätgotische Schiffermadonna und die Weihnachtskrippe der Kirche in Form einer sog. Miljöh-Krippe. Eine alltägliche Straßenszene aus dem Viertel und Figuren von Obdachlosen und Marktleuten, vom Apotheker bis neuerdings zum Junkie bilden den Rahmen für Jesu Geburt.

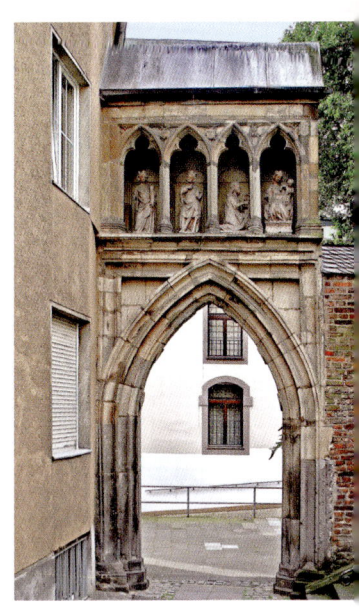

Durch das Dreikönigenpförtchen nahe St. Maria im Kapitol soll Erzbischof Rainald von Dassel 1164 die Reliquien der Heiligen Drei Könige als Kriegsbeute nach Köln gebracht haben

❼ St. Pantaleon ➜ H8
Am Pantaleonsberg 2
✆ (02 21) 31 66 55
www.pantaleon-koeln.de
Mo–Fr 9–18, Sa 9–16, So 12–18 Uhr
Ehemalige Klosterkirche der Benediktiner und älteste romanische Kirche von Köln, errichtet im 10. Jh. Der ottonische Bau beherbergt die Grabstätten von Erzbischof Bruno, dem Kirchengründer, und der Kaiserin Theophanu. Die Seitenschiffe wurden im 12. Jh. angefügt. 2006 weihte Kardinal Meisner den Altar für Josemaría Escrivá, den Gründer der umstrittenen ultrakonservativ-katholischen Organisation Opus Dei.

St. Peter ➜ G9
Jabachstr. 1, Innenstadt
✆ (02 21) 9213 03-0
www.sankt-peter-koeln.de
Di–Sa 11–17, So 13–17 Uhr

Vista Points

Eine herausragende Schöpfung ottonischer Sakralbaukunst: das monumentale Westwerk von St. Pantaleon aus dem 10. Jahrhundert

Über römischen Thermen entstand die erste Kirche, im 10. und 12. Jh. erfolgten Veränderung bzw. ein Neubau. Die heutige Gestalt stammt aus dem 16. Jh. Einzig erhaltene Doppelkirchenanlage Kölns mit Stiftskirche (St. Cäcilien) und Pfarrkirche (St. Peter). Altarbild von P.P. Rubens mit der Kreuzigung Petri. Renaissancefenster und expressionistische Gewölbemalereien.

1987 wurde die **Kunst-Station Sankt Peter** in der Jesuitenkirche gegründet, die als Zentrum für zeitgenössische Kunst, Musik und Literatur fungiert. Granitskulptur von Eduardo Chillida aus 2000. Aus demselben Jahr stammt die Turmbeschriftung (außen) von Martin Creed: DON'T WORRY.

Synagoge Köln ➜ G7
Roonstr. 50, Innenstadt
✆ (02 21) 92 15 60 20, www.sgk.de
Besuch und Führungen auf Anfrage

Nur etwa 30 Jahre nach der alten Haupt-Synagoge in der Glockengasse entstand am Rathenauplatz ab 1895 die neoromanische Synagoge, um der stark anwachsenden Gemeinde ausreichend Platz zu bieten. Wie alle sieben Synagogen in Köln wurde sie in der Reichspogromnacht zerstört. 1959 fand nach der Restaurierung die feierliche Neueröffnung statt. Der Gemeindekomplex schließt die koschere Kantine der Familie Weiss ein, die mit feinen kascheren Spezialitäten aufwartet.

❼ St. Severin ➜ H9
Severinskirchplatz
✆ (02 21) 931 84 20
www.sankt-severin.de
Mo–Sa 9–18, So 9–12 und 15–17.30 Uhr
Ehemalige Stiftskirche aus dem 11./13.Jh., in der Krypta sind Wandmalereien aus dem 14. Jh. zu sehen. Das römisch-fränkische Gräberfeld unter der Kirche dokumentiert die Siedlungs- und Bestattungsgeschichte Kölns vom 1.–8. Jh. Die Kirche hat ihren Ursprung in einem kleinen Andachtsraum über dem Gräberfeld. Um 1500 wurden die Tafelbilder mit der Geschichte des hl. Severin gemalt. Aus der Mitte des 18. Jh. stammt der Bruno-Zyklus im Querhaus, im Hochchor ist der Schrein mit den Reliquien des Kirchenpatrons zu sehen.

Trinitatiskirche ➜ G9
Filzengraben 4, Innenstadt
✆ (02 21) 338 20
www.trinitatiskirche-koeln.de
Kölns zweite protestantische Kirche, aber die erste, die als evangelische Kirche erbaut wurde. Als die Franzosen die Religionsfreiheit in Köln einführten, widmete man 1802 die Antoniterkirche um. Ab 1815 unter preußischer Regierung wuchs die protestantische Gemeinde, so dass 1857–60 die große Emporenbasilika nach den Plänen des Schinkel-Schülers F.A. Stüler errich-

tet wurde. Die auch »Evangelischer Dom« genannte Kirche ist ein bedeutender Ort für Kirchenmusik und Kunstausstellungen.

❼ St. Ursula ➡ E9
Ursulaplatz 24, Innenstadt
℅ (02 21) 13 34 00
www.heilige-ursula.de
Mo–Sa 10–12 und 15–17, So 15–17 Uhr, Eintritt (Goldene Kammer) € 2

Die ehemalige Stiftskirche ist der hl. Ursula, der Stadtpatronin von Köln, und den Märtyrerjungfrauen geweiht. Ein Kuriosum ist die **Goldene Kammer** von 1643, eine begehbare Reliquienkammer mit Büsten, goldenem Zierrat und Wanddekorationen aus menschlichen Gebeinen. Der Ursulazyklus (um 1500) stellt die Legende der hl. Ursula in 30 Szenen dar, die mit den Ursprung der romanischen Kirche verbunden ist.

Die fromme Königstochter Ursula soll mit ihren jungfräulichen Gefährtinnen (zunächst mit 11, später mit bis zu 10 000 Jungfrauen beziffert) auf Pilgerreise nach Rom gegangen sein. Als die Pilgergemeinschaft Köln erreichte, war die Stadt von Hunnen belagert. Weil Ursula die Ehe mit dem nichtchristlichen Hunnenkönig verweigerte, star-

»Heilig ist schön«: Ursula-Büste mit einer passförmigen Öffnung für die Betrachtung der verehrten Reliquien

ben sie und ihre Jungfrauen den Märtyrertod. Die Kölner bestatteten ihre Leichen und bauten ihnen zu Ehren diese Kirche.

Zentralmoschee der DITIB (im Bau) ➡ E6
Venloer/Ecke Innere Kanalstraße, Ehrenfeld
U-Bahn 3,4 bis Piusstraße
℅ (02 21) 57 98 20
www.zentralmoschee-koeln.de

Im November 2009 wurde nach kontroversen Diskussionen der Grundstein für den Bau der ersten großen Moschee in Köln gelegt. Entworfen von den Kirchenbau-

Die Goldene Kammer von St. Ursula

spezialisten Paul und Gottfried Böhm. Sie wird mit dem Platzangebot für 1300 Gläubige, der gut 30 m hohen Kuppel und zwei 55 m hohen Minaretten einen neuen Akzent im Kölner Stadtbild setzen. Für Ende 2011/Anfang 2012 ist die Fertigstellung geplant.

Architektur und andere Sehenswürdigkeiten

Bayenturm ➜ H10
Am Bayenturm, Innenstadt
Der Turm aus dem 13. Jh. bildete die Südspitze der mittelalterlichen Stadtumwallung. Zusammen mit dem **Kunibertsturm**, dem nördlichen Eckpunkt, wurde er vom Kölner Erzbischof in Beschlag genommen und zur Zwingburg ausgebaut. Doch die Kölner erstürmten 1262 den Bayenturm. Fortan war er ein Symbol des Bürgerstolzes.

Nach Bombenschäden entschloss man sich erst in den 1980er-Jahren zum Wiederaufbau der Turmruine, um die historische Rheinansicht zu komplettieren. 1993 zogen das feministische Archiv und Dokumentationszentrum FrauenMediaTurm und die Zeitschrift EMMA mit ihrer Herausgeberin Alice Schwarzer ein.

Design Post Köln ➜ F12
Deutz-Mülheimer-Str. 22, Deutz
U-Bahn 3, 4 bis Kölnmesse
✆ (02 21) 69 06 50
www.designpostkoeln.de
Mi–Fr 10–18, Sa 10–16 Uhr
In den sieben umgebauten, denkmalgeschützten Hallen eines ehemaligen Postpaketbahnhofs aus dem Jahr 1913 zeigen internationale Interieurmarken ganzjährig ihre neuesten Entwürfe aus den Bereichen Möbel, Licht, Textilien und Accessoires. Die 3500 m² umfassenden Räumlichkeiten werden auch für Veranstaltungen und Ausstellungen zu Design- und Architekturthemen genutzt.

Deutzer Brücke ➜ F10
1947/48, 1976–80 verbreitert; etwas weiter nördlich befand sich im 4. Jh. die Römerbrücke als Verbindung zwischen der römischen Provinzhauptstadt und dem rechtsrheinischen Kastell. Am linksrheinischen Aufgang ist ein Kettenglied der 1913 errichteten Vorgängerbrücke zu sehen. An diesem Relikt der »Deutzer Hängebrücke« findet man Erläuterungen zur Geschichte der Rheinübergänge in Köln.

❋ Fort X mit Rosengarten ➜ C10
Neusser Wall 33
U-Bahn 5, 16,18 bis Reichensperger Platz
www.koelner-festungsbauten.de
Während der Sommermonate tagsüber frei zugänglich
1816–63 wird dem Verlauf der mittelalterlichen Stadtmauer folgend linksrheinisch ein Kranz

Architektur im Stil der 1950er-Jahre: das Treppenhaus des Gürzenichs

Architektur und andere Sehenswürdigkeiten

aus 11 Forts angelegt. 1873 beginnen die Arbeiten am äußeren Festungsgürtel (Militärring). Ab 1881 Schleifung der mittelalterlichen Stadtmauer und Aufgabe der davor liegenden Bastionen. Auf dem freien Gelände entsteht die Kölner Neustadt.

Nach dem Ersten Weltkrieg wird der innere Festungsring zum Inneren Grüngürtel. Die Relikte der Forts werden einbezogen. Ab 1926 verfährt die Stadt mit dem äußeren Festungsgürtel ebenso, woraus der Äußere Grüngürtel hervorgeht. Das **Fort Wilhelm von Preußen** wurde 1819–25 als Teil des inneren Rayons gebaut. Nach Aufgabe der militärischen Nutzung lässt Konrad Adenauer auf dem Dach einen Rosengarten anlegen, der inzwischen den Namen »Hilde-Domin-Park« trägt, nach der Dichterin, deren Geburtshaus in der Nähe stand.

Liebesschlösser als Zeichen ewiger Zuneigung entlang der Hohenzollernbrücke

Gürzenich ➜ F9
Martinstr. 29–37, Quatermarkt
℡ (02 21) 92 58 99-0
Seit mehr als 50 Jahren traditioneller Ort für große Festveranstaltungen, Sitzungen und Konzerte.

Heinzelmännchenbrunnen ➜ F9
Am Hof
Die Brunnenanlage von 1899 illustriert eine der schönsten Kölner Legenden. Die fleißigen Heinzelmännchen waren gute Geister, die nachts alle lästigen Arbeiten erledigten, wobei sie niemals jemand zu Gesicht bekam. Die Schneidersfrau war jedoch so neugierig, dass sie ihnen nachstellte. Da purzelten die kleinen Kerle die Treppen hinunter und kamen nie mehr zurück, weshalb die Kölner nun wieder selbst arbeiten müssen.

Hohenzollernbrücke ➜ F10
1855–59 erster Rheinübergang (damals Dombrücke), Neubau 1907–11 als Hohenzollernbrücke, nach der Zerstörung im Krieg wiederaufgebaut (1946–48 und 1957–59); heute nur noch Eisenbahnbrücke, aber auch für Fußgänger und Radfahrer offen. Links und rechts von den Brückenköpfen vier Hohenzollernherrscher (jeweils flussauf-/abwärts): linksrheinisch: Kaiser Wilhelm II./Kaiser Friedrich III., rechtsrheinisch: Kaiser Wilhelm I./König Friedrich Wilhelm IV. Seit 2008 flankieren unzählige sogenannte Liebesschlösser als Zeichen ewiger Zuneigung die Bahntrasse.

Vista Points

Kölnischer Kunstverein ➜ F8
Die Brücke, Hahnenstr. 6, Innenstadt, ✆ (02 21) 21 70 21
www.koelnischerkunstverein.de
Ausstellungen Di–Fr 13–19, Sa/So 11–18 Uhr, Eintritt € 4/2
Der 1839 gegründete Kunst-Mitgliederverein ist einer der ältesten Deutschlands und hat sein Domizil im architekturgeschichtlich bedeutenden Bau »Die Brücke« des Kölner Architekten Wilhelm Riphahn von 1950. Mit dem angegliederten Theater

KölnTriangle ➜ F11
Ottoplatz 1
U-Bahn 1, 9 bis Bhf. Deutz/Messe, 3, 4 bis Bhf. Deutz/Lanxess arena
✆ (02 21) 82 73 30 38
www.koelntriangle.de, Aussichtsplattform ✆ 018 05-74 34 65
Mai–Sept. Mo–Fr 11–22, Sa/So/Fei 10–22, Okt.–April Mo–Fr 12–18, Sa/So/Fei 10–18 Uhr, Eintritt € 3
Der gläserne Turm auf der *schäl Sick* hat dem Kölner Dom 2006 einen Platz auf der Roten UNESCO-Liste des gefährdeten Weltkulturguts eingebracht. Die Stadt Köln hat schließlich eingelenkt und sich zu einer Beschränkung der Bauhöhe verpflichtet. Von der Aussichtsplattform auf über 100 m bietet sich ein atemberaubender Blick auf die Domstadt.

LANXESS arena ➜ F12
Willy-Brandt-Platz 1, Deutz
U-Bahn 1, 9 bis Bhf. Deutz/Messe, 3, 4 bis Bhf. Deutz/Lanxess arena
✆ (02 21) 80 20 (Ticket-Hotline)
www.lanxess-arena.de
Deutschlands größte Veranstaltungshalle für Pop- und klassische Konzerte, aber auch für Sportveranstaltungen und Spielstätte des Kölner Eishockeyclubs Kölner Haie mit 18 000 Plätzen.

MediaPark ➜ D/E7/8
Aus dem ambitionierten Medien- und Kommunikationszentrum auf dem Gelände des ehemaligen Güterbahnhofs Gereon sind einige Medienfirmen schon wieder ausgezogen. Um einen Weiher gruppieren sich sternförmig Gebäudekomplexe wie das KOMED-Haus mit Rundfunk- und Fernsehstudios, der 148 m hohe KölnTurm von Jean Nouvel, der Musictower, die MediaPark Klinik, das Multiplex-Kino Cinedom und Wohnhäuser.

Melatenfriedhof ➜ E/F4–6
Aachener Str. 204
U-Bahn 1, 7 bis Melaten
www.melatenfriedhof.de
Tägl. April–Sept. 7–20, Okt./Nov. 8–19, Dez.–März 8–17 Uhr
Laut napoleonischem Dekret war es ab 1804 – aus hygienischen Gründen – verboten, Tote innerhalb der Stadtmauern zu beerdigen. Deshalb ließ die Stadt einen großen klassizistischen Zentralfriedhof anlegen. An der »Millionenallee« finden sich aufwändige Grabmonumente der Kölner Oberschicht. Auf Melaten bestattet wurden z. B. Dombaumeister Zwirner, die Architekten Pflaume, Riphahn und Band, Bildhauer Albermann, die Sammler Wallraf, Richartz und Haubrich, Gewerkschaftsführer Hans Böckler und Willy Millowitsch.

Wächter der Ewigkeit: historische Grabskulptur des Melatenfriedhofs

Architektur und andere Sehenswürdigkeiten

»Mit dem Fahrstuhl in die Römerzeit«: Fundamente der Ostfront des Praetorium unter dem Spanischen Bau des Rathauses

Mikwe ➜ F9
Obenmarspforten, Unter Goldschmied (neben dem Rathaus)
✆ (02 21) 221-223 94
Di–So 10–17 Uhr, den Schlüssel erhält man gegen Hinterlegung des Personalausweises an der Kasse des Praetoriums, Eintritt € 1
Das jüdische Kultbad von 1170 ist – nun saniert – wieder zugänglich. Die Badeanlage kann auch von außen, durch die kleine Stahl-Glas-Pyramide, betrachtet werden.

Oper und Schauspielhaus ➜ F8/9
Offenbachplatz
Das Opernhaus mit 1346 Plätzen wurde 1954–57 von Wilhelm Riphahn erbaut. Bis 1962 wurde es durch den Bau der Opernterrassen und des **Schauspielhauses** das **Riphahn-Ensemble** ergänzt. Vor der Oper steht der Opernbrunnen von Jürgen Hans Grümmers (1966), auf den auch die Platzgestaltung zurückgeht.

Overstolzenhaus ➜ G9/10
Rheingasse 8, Innenstadt
✆ (02 21) 20 18 91 60
Hinter dem Brauhaus Malzmühle gelegenes architektonisches Kleinod. Kölns einzig erhaltenes romanisches Wohnhaus wurde 1230 von der Patrizierfamilie Overstolz errichtet. Heute hat hier die Kunsthochschule für Medien ihren Sitz.

Peek & Cloppenburg/Weltstadthaus ➜ F9
Schildergasse 65–67, Innenstadt
Das Bekleidungshaus wartet an der Fußgängerzone mit einem spektakulären, 2005 eröffneten Glasbau von Renzo Piano auf.

Praetorium ➜ F9
Kleine Budengasse 2
Di–So 10–17, 1. Do im Monat bis 22 Uhr, Eintritt € 3/2,50, unter 18 Jahren frei, kostenlose Führung So 11.30 Uhr
Ausstellungsraum zur römischen Stadtgeschichte und Zugang zu den Fundamenten des Statthalterpalastes aus dem 1.–4. Jh. unter dem Rathaus. Es beherbergte nicht nur die Privatquartiere, sondern auch Kult-, Empfangs- und Verwaltungsräume. Mitsamt den Flügelbauten war es 92 m lang. Begehbar ist ein Teil der römischen Wasserleitung, die Eifelwasser nach Köln leitete.

❺ Rathaus ➜ F9
Mi 15 Uhr kostenlose Führung
Mit über 800 Jahren ist das Rathaus das älteste Deutschlands. Schmuckstück und Kölns wichtigstes Renaissance-Bauwerk (1569–73) ist die Laube. Nach der Zerstörung im Zweiten Weltkrieg wurden der spätgotische Rathausturm und die Laube wiederaufgebaut.

Vista Points

Der Einsturz des Historischen Archivs

Die Katastrophe begann 13.58 Uhr mit einem tiefen Grollen. Erst rutschte der Boden unter dem Archiv in den U-Bahn-Schacht unter der **Severinstraße** ab. Dann sackte das ganze Gebäude in den entstandenen Hohlraum. Der Einsturz des Historischen Archivs kostete zwei Menschleben. Von den Archivbeständen, bestehend aus 65 000 Urkunden aus 1000 Jahren Stadtgeschichte, Karten, Plänen, Handschriften, Nachlässen prominenter Kölner wie Jacques Offenbach und Heinrich Böll sowie 500 000 Fotos wurden 90 Prozent unter Trümmern begraben; 5 Prozent gelten als Totalverlust.

Inwieweit Unregelmäßigkeiten beim Bau der U-Bahn-Strecke Severinstraße dieses Unglück verursachten und wer auf Seiten der Behörden, der Verkehrsbetriebe und der Baufirmen dafür zur Verantwortung zu ziehen ist und/oder eine Mitschuld trägt, diese Ermittlungen werden die Staatsanwaltschaft noch eine Weile beschäftigen.

❾ Rheinauhafen ➧ G–J10

1998 wurde mit der Umstrukturierung und Umgestaltung des Rheinauhafens begonnen, der sich vom **Malakoffturm** und dem Schokoladenmuseum mit der Drehbrücke fast bis zur Südbrücke hinzieht. Denkmalgeschützte Gebäude wie das 170 m lange Lagerhaus mit sieben Giebeln (1909/10), **Siebengebirge** genannt, oder das ehemalige Hafenamt wurden aufwendig restauriert. Zu den historischen Bauten, die zugänglich sind, zählen das frühere preußische **Zollamt** (Schokoladenmuseum), die **Zollhalle 10** (Sport- und Olympiamuseum) und das Silo am Danziger Lagerhaus (Siebengebirge), das als Restaurant dient.

Dazwischen findet sich modernes Architekturdesign wie die drei gläsernen **Kranhäusern** der Architekten BRT Bothe Richter Teherani. Der Name spielt auf die Form der jeweils 56 m hohen Gebäude an, die an die ehemaligen Lastkräne im alten Rheinauhafen erinnert. Wegweisende Gewerbearchitektur ist mit dem RheinauArtOffice entstanden, Hauptmieter ist das Microsoft Regionalbüro NRW.

Rheinpark ➧ D/E11

Im Sommer 7–24, im Winter 8 Uhr bis zur Dämmerung

Das ehemalige Bundesgartenschaugelände ist ein vielseitiger Park geworden mit fantastischen Ausblicken auf die andere Rheinseite mit dem Dom. Im Sommer ist der **Tanzbrunnen** Veranstaltungsort für Konzerte und für die Kölner Institution Linus' Talentprobe.

Ringe ➧ D10–J10

Sie verlaufen auf dem planierten Graben der 1881 abgerissenen mittelalterlichen Stadtumwallung halbkreisförmig um die Innenstadt und wurden als Boulevard nach Pariser und Wiener Vorbild mit Alleen, Brunnen und Denkmälern angelegt. Reste der mittelalterlichen **Stadtmauer** sind: am Sachsenring die **Ulrepforte** mit zwei Türmen, Stadttor (später zugemauert), in der Mauer ältestes profanes Denkmal Deutschlands (Ulredenkmal, 1360); Stadtmauer am Hansaring/Am Kümpchenshof/Gereonswall; **Gereonsmühlenturm** (14. Jh.), teilweise als Wohnhaus genutzt; Rudolfplatz: im Mittelpunkt das **Hahnentor** (13. Jh.), ein wuchtiges Doppelturmtor. An dieser Stelle betraten im Mittelalter die deutschen Könige, von der Krönung in Aachen kommend, die Stadt, um die Gebeine der Heiligen Drei Könige zu verehren; **Eigelsteintorburg**, Stadttor aus dem 13. Jh. mit einer Skulptur

Architektur und andere Sehenswürdigkeiten

des *Kölsche Boor* (19. Jh.). In der mittelalterlichen Hierarchie der deutschen Städte war Köln dem Reichsstand der Bauern zugeordnet. Der Bauer existiert noch heute als Figur des Dreigestirns im Kölner Karneval; **Severinstorburg** (ältester Teil 12./13. Jh.).

Römerturm ➜ F8
Ecke Zeughaus-/St.-Apern-Straße
50 n.Chr., Teil der römischen Stadtmauer, die Zinnen wurden Anfang des 20. Jh. beim Bau des neugotischen Nachbarhauses hinzugefügt.

Severinstraße ➜ G–J9
Die alte römische Nord-Süd-Achse beginnt am Waidmarkt. Waid lieferte den Farbstoff für das kölnische Blau, mit dem die Färberzunft an Waidmarkt und Blaubach arbeitete. Die traditionelle Leinenschürze des Köbes ist in Kölnisch Blau gehalten.

An der Severinstr. 222–228 lag bis zum 3. März 2009 das größte kommunale Archiv nördlich der Alpen. Mit dem **Stadtarchiv** ➜ G9 stürzten an jenem Tag zugleich zwei Nachbarbauten ein und rissen zwei Menschen in den Tod.

Spichernhöfe ➜ E7
Spichernstr. 6–10/Kamekestr. 21
U-Bahn 3, 4 bis Friesenplatz
www.spichernhoefe.de
Ganzjährig Ausstellungen und Veranstaltungen
Eine über 100 Jahre alte Fabrikhalle und sieben Einzelbauten, deren Höfe durch den Abriss der Trennmauern zusammengeführt wurden, bilden den Kern dieses 10 000 m² großen Stadtquartiers, das ab 2001 entstanden ist. Es bietet hochwertigen Wohnraum, Büro-Lofts und Flagshipstores hochkarätiger Designer, Showrooms und Events, Kunst, Konzerte und Gastronomie. Die aufwändig sanierte Fabrikhalle wurde durch ein Galeriegeschoss erweitert und zu einer Markthalle ausgebaut. Die Piazza mit ihrem mediterranen Flair gehört zu den schönsten gastronomisch genutzten Innenhöfen Kölns.

WDR ➜ F9
Appellhofplatz 1
℡ (02 21) 220 67 44, www.wdr.de
Anmeldefrist für kostenlose Führungen durch die Studios: Einzelpersonen etwa 1 Monat; Gruppenführungen 3 Monate
Eine der größten Rundfunkanstalten Europas. 5 Radioprogramme, tägl. 180 Stunden Hörfunk- und Fernsehprogramm (u.a. ARD, Phoenix, Arte, Kinderprogramm und 3Sat).

4711-Haus ➜ F9
Glockengasse
www.4711.com
Mo–Fr 9–19, Sa 9–18 Uhr
Stammhaus der Firma Mülhens, das nach dem Krieg in Anlehnung an den 1852–54 entstandenen neugotischen Bau wiedererrichtet wurde. Glockenspiel stündlich 9–20 Uhr.

Spektakuläre Architektur im Rheinauhafen: Die Kranhäuser (2009) setzen neue Akzente in der Skyline von Köln

Erleben & Genießen

Übernachten: Hotels, Hostels und preiswerte Hotels

Obwohl nach wie vor die meisten Gäste aus beruflichen Gründen nach Köln reisen, hat die internationale Finanzkrise nicht zu verringerten Übernachtungszahlen geführt. Bei Privatreisenden sind die Besucherzahlen sogar steigend. Zentral und günstig? Stilvoll? Designorientiert? Übernachten in einer aufgegebenen Kirche, einem ehemaligen Wasserturm, einer früheren Badeanstalt oder im Musikinstrumentenmuseum? Gut 250 Hotels bieten in Köln unterschiedlichste Quartiere für den kleinen Geldbeutel und anspruchsvolle Touristen, Messegäste und Geschäftsreisende. Zu Messezeiten werden die Betten trotzdem schon mal knapp. Zudem ist mit deutlichen Preisaufschlägen zu rechnen. Ab dem 01. Oktober 2010 erhebt die Stadt Köln zudem eine Kulturförderabgabe in Höhe von fünf Prozent auf den Übernachtungspreis, die zusätzlich auf die Gesamtbuchungssumme aufgeschlagen wird.

Die nachfolgend angegebenen Preiskategorien gelten für ein Doppelzimmer pro Nacht.
€   – unter 50 Euro
€€   – 50–100 Euro
€€€ – 100–150 Euro
€€€€ – über 150 Euro

Hotels

Le Méridien Dom Hotel ➡ F9
Domkloster 2A, 50667 Köln
✆ (02 21) 20 24-0
www.lemeridiendomhotelkoeln.com
Das Haus überzeugt mit Tradition, Charme und Geschichte. Logenplatz gegenüber dem Dom, höchste Preise. €€€€

Hotel mit Terrasse – Le Méridien Dom Hotel

Excelsior Hotel Ernst ➡ E9
Trankgasse 1–5, Domplatz
50667 Köln, ✆ (02 21) 27 01
www.excelsiorhotelernst.com
Ein Haus mit Stil, Grandezza und dem dezenten Charme des Luxus. Außerdem guter und freundlicher Service. €€€€

Hilton Cologne ➡ E9
Marzellenstr. 13–17, 50668 Köln
✆ (02 21) 130 71-0
www.hilton.de/Koeln
Das Design-Hotel nahm Quartier im früheren Postscheckamt. €€€€

Hyatt Regency ➡ F10
Kennedy-Ufer 2a, 50679 Köln
✆ (02 21) 828 12 34
www.cologne.regency.hyatt.de
Ein Hotel für höchste Ansprüche mit vier Regency View Suiten. Hier nächtigten schon Prominente wie Mick Jagger, Bill Clinton oder Michael Jackson. €€€€

Hotel im Wasserturm ➡ G9
Kaygasse 2, 50676 Köln
✆ (02 21) 20 08-0
www.hotel-im-wasserturm.de

Übernachten

Luxuriöses 5-Sterne-Hotel mit außergewöhnlicher Innenarchitektur im ehemals größten Wasserturm Europas. Gourmet-Restaurant auf der 11. Etage mit traumhaftem Blick auf die Stadt. €€€€

Maritim ➔ F/G10
Heumarkt 20, 50667 Köln
✆ (02 21) 20 27-0
www.maritim.de
Pool, Sauna, Dampfbad und Solarium, Dachgartenrestaurant und großzügige, glasüberdachte Hotelhalle mit Gaststätten und Boutiquen im Stil einer Einkaufspassage. €€€€

Marriott Hotel ➔ E10
Johannisstr. 76–80, 50668 Köln
✆ (02 21) 942 22-0
www.marriott.de
Das Johannishaus diente über 100 Jahre als städtischer Verwaltungsbau. Er wurde 1991–94 von Oswald Mathias Ungers neu errichtet, dann umgebaut und 2006 als Hotel eröffnet. €€€€

Renaissance Köln Hotel ➔ F7
Magnusstr. 20, 50672 Köln
✆ (02 21) 20 34-0
www.renaissancecologne.com
Das gehobene Ambiente lässt keinen Gedanken mehr daran aufkommen, dass an der Friesenstraße bis zu den 1980ern Kölns Rotlichtviertel beheimatet war. €€€€

Gourmetrestaurant »La Vision« im Hotel im Wasserturm

art'otel cologne by park plaza
➔ G10
Holzmarkt 4, 50676 Köln
✆ (02 21) 80 10 30
www.artotelcologne.com
Das stylische Gesamtkunstwerk im Rheinauhafen vereint Architektur, Design und die Kunst der Baselitz-Schülerin SEO, die bunt und dekorativ überall im Haus platziert ist. €€€

Cristall ➔ E9
Ursulaplatz 9–11, 50668 Köln
✆ (02 21) 163 00
www.hotelcristall.de
Ein wahrer Augenschmaus dank individueller und moderner Design-Einrichtung – und nebenbei auch noch ein freundliches Innenstadthotel. €€€

Barceló ➔ F7
Habsburgerring 9–13, 50674 Köln
✆ (02 21) 22 80, www.barcelo.com
Schlichtes Äußeres, zurückhaltend gestaltete Räume mit Blick auf den lebendigen Rudolfplatz. €€€

Im Hotel Maritim: das Restaurant »Kölsche Stuff«

Erleben & Genießen

Günnewig Hotel Stadtpalais
➡ F12
Deutz-Kalker-Str. 52, 50679 Köln
U-Bahn 1, 9 bis Deutz/Kalker Bad
✆ (02 21) 880 42-0
www.guennewig.de
1914–1918 errichtete Badeanstalt, die seit 2010 als Hotel historische und moderne Baukunst, aufs Schönste vereint. Auf dem zugeschütteten Schwimmbecken stehen heute Restauranttische. €€€

Mauritius Hotel und Therme
➡ G8
Mauritiuskirchplatz 3–11
50676 Köln
✆ (02 21) 924 13-0
www.mauritius-ht.de
Hotel & Therme mit 61 individuell eingerichteten Zimmern, 3500 m² Sauna-, Massage- und Fitnessanlage. Zweistöckige Dachterrasse. €€€

Savoy ➡ E9
Turiner Str. 9, 50668 Köln
✆ (02 21) 16 23-0
www.savoy-koeln.de
Design- & Wellnesshotel, ausgefallene Interieurs & SPA: Entspannung der Luxusklasse auf 650 m². €€€

Santo ➡ D/E9
Dagobertstr. 22–26, 50668 Köln
✆ (02 21) 91 39 77-0
www.hotelsanto.de
Modernes Stadthaus mit 69 geräumigen Zimmern und außergewöhnlicher Hotelatmosphäre durch extravagante Möblierung und wechselndes Lichtspiel. €€€

Grand City Hotel Köln Zentrum
➡ E9
Domstr. 10–16, 50668 Köln
✆ (02 21) 1649 0
www.grandcityhotels.de
Zentral, aber ruhig. Die Zimmer sind hell und freundlich im toskanischen Landhausstil möbliert. €€€

Hopper Hotels
Hinter den denkmalgeschützten Mauer ehemals katholischer Einrichtungen hat Hotelier Jörn Carsten Zobel seinem hohem Qualitätsanspruch an Ästhetik und Funktionalität entsprechend puristische Designhotels geschaffen.
www.hopper.de, €€€
– **Hopper Hotel St. Antonius**
➡ E10
(ehem. Kolpingherberge für Wandergesellen) Dagobertstr. 32
50668 Köln, ✆ (02 21) 16 60-0
– **Hopper Hotel St. Josef** ➡ H9
(ehem. Kleinkinderbewahranstalt der Schwestern der christlichen Liebe)
Dreikönigenstr. 1–3, 50678 Köln
✆ (02 21) 998 00-0
– **Hopper Hotel et cetera e.k.**
➡ G7
(ehem. Kloster der Barmherzigen Brüder zu Montabaur)
Brüsseler Str. 26, 50674 Köln
✆ (02 21) 924 40-0

Viktoria ➡ D10
Worringer Str. 23, 50668 Köln
U-Bahn 16, 18 bis Reichensperger Platz
✆ (02 21) 973 17 20
www.hotelviktoria.de
Im ehemaligen Musikhistorischen Museum, einem der schönsten klassizistischen Baudenkmäler Kölns – mit Erkern, Wand- und Deckenmalereien, Stuckarbeiten und Säulennischen. €€

Antik Hotel Bristol ➡ E8
Kaiser-Wilhelm-Ring 48
50672 Köln
U-Bahn 12, 15 bis Christophstraße
✆ (02 21) 12 01 95
www.antik-hotel-bristol.de
Gediegenes Ambiente hinter einer unscheinbaren Fassade. Die 42 Zimmer sind individuell mit Antiquitäten ausgestattet. €€

Azimut ➡ D9
Hansaring 97, 50670 Köln
✆ (02 21) 88 87 60
www.azimuthotels.de
Seit Sept. 2008 bietet das Haus auf 6 Etagen Vier-Sterne-Komfort. €€

Übernachten

Chelsea ➡ G7
Jülicher Str. 1, 50674 Köln
℅ (02 21) 207 15-0
www.hotel-chelsea.de
Künstlerhotel im Belgischen Viertel. In den Zimmern wird zeitgenössische Kunst gezeigt. €€

Conti Hotel ➡ G7
Brüsseler Str. 40–42
50674 Köln
℅ (02 21) 258 77-0
www.conti-hotel.de
Mitten im Belgischen Viertel freundlich und familiär. €€

Dom Hotel Am Römerbrunnen ➡ F9
Komödienstr. 54, 50667 Köln
℅ (02 21) 16 09 40
www.domhotel-koeln.de
2010 neueröffnet. Komfortable Ausstattung, zentrale Lage direkt am Stadtmuseum. €€

Lyskirchen ➡ G10
Filzengraben 26–32, 50676 Köln
℅ (02 21) 20 97-0
www.hotel-lyskirchen.com
Schönes 4-Sterne-Hotel in der Nähe von St. Maria Lyskirchen. €€

Hostels und preiswerte Hotels

DJH City-Hostel Köln-Deutz ➡ F11
Siegesstr. 5, 50679 Köln
U-Bahn 1, 9 bis Bhf. Deutz/Lanxess arena, 3, 4 Deutzer Freiheit
℅ (02 21) 81 47 11, www.koeln-deutz.jugendherberge.de
Moderne Jugendherberge, rechtsrheinisch, Dom, Museen, Einkaufsstraße & Altstadt in 15 Min. erreichbar, Messe & LANXESS arena nur 200 m entfernt. €

DJH City-Hostel Köln-Riehl ➡ B12
An der Schanz 14, 50735 Köln
U-Bahn 18 bis Boltensternstraße
℅ (02 21) 97 65 13-0, www.koeln-riehl.jugendherberge.de
Zimmer in unmittelbare Lage am Rhein mit direkter Verbindung zur Innenstadt. €

Pathpoint Cologne Backpacker Hostel ➡ E9
Machabäerstr. 26, 50668 Köln
℅ (02 21) 130 56 86-0
www.pathpoint-cologne.de
Modernes Backpacker-Hostel in der ehemaligen evangelischen Kreuzkirche nur 5 Gehminuten zum Hauptbahnhof und zur Altstadt. Keine Einzelzimmer! €

A&O Köln Neumarkt ➡ G7/8
Mauritiuswall 64–66
50676 Köln
℅ (02 21) 467 06-47 00
www.aohostels.com
Das frühere Bürogebäude verfügt über 173 Einzel-, Doppel- und Mehrbettzimmer, alle mit Dusche/WC und TV. €

Hostel Köln ➡ G8
Marsilstein 29, 50676 Köln
℅ (02 21) 99 87 76-0
www.hostel.ag
Für junge und jung gebliebene Gruppenreisende, Familien und Individualreisende. 262 Betten in 72 Zimmern. Einzelzimmer ab € 45/Mehrbettzimmer ab € 24.

Meininger Hotel Köln City Center ➡ G7
Engelbertstr. 33–35, 50674 Köln
℅ (030) 66 63 61 00
www.meininger-hotels.com
Einfach & preiswert, zwischen Rudolf- und Zülpicher Platz gelegen. €

Die Wohngemeinschaft ➡ G7
Richard-Wagner-Str. 39
50679 Köln
℅ (02 21) 39 76 09 04
www.hostel-wohngemeinschaft.de
Schlafen im angesagten Belgischen Viertel: Doppel-, Drei- und Vierbettzimmer, sowie ein Schlafsaal mit Original-Wohngemeinschaftsfeeling. €

Erleben & Genießen

Essen & Trinken: Restaurants, Cafés, Bistros, Weinlokale, Brauhäuser

Zwischen Gourmetküche und kölscher *Foderkaat* liegt die ganze Vielfalt der internationalen Küche: indisch, persisch, türkisch, vietnamesisch, japanisch, russisch, französisch, österreichisch, nicht zu vergessen die zahlreichen Italiener – vom Feinschmeckerlokal bis zur familiären Pizzeria. Die Restaurants, Bistros, Wein- und Brauhäuser sind in einem dichten Netz über die Stadt verteilt, so dass auch in nahezu jedem Veedel Schnitzel, Steaks und *Kappes* (Kohl), Sushi und andere internationale Spezialitäten und natürlich Pizza und Pasta in guter Qualität zu finden sind. Doch rund um den Dom und an den Ringen selbstverständlich auch.

Restaurants

Die bei den Restaurants angegebenen €-Kategorien beziehen sich auf den durchschnittlichen Preis für ein Hauptgericht. Die Restaurants sind nach Preiskategorien (aufsteigend), und darunter alphabetisch sortiert.
Besonders am Wochenende empfiehlt es sich zu reservieren.
€   – unter 20 Euro
€€   – 20–30 Euro
€€€ – 30–40 Euro
€€€€ – über 40 Euro

Al Salam ➜ G7
Hohenstaufenring 22, Innenstadt
✆ (02 21) 21 67 13
www.al-salam.de
Di–Sa 18–1, Sa bis 2, So 10–15 Uhr
Feine arabisch-orientalische Esskultur in stilvollem morgenländischen Flair genießen. Die Orient Lounge bietet zudem sehr gute Cocktails und auf Wunsch eine Schischa. Fr/Sa auch Bauchtanz. €

Grünlilie ➜ I6
Weyertal 15, Sülz
✆ (02 21) 42 88 59
Mo–Sa 12–14.30 und 19–22 Uhr
Sehr gute vegetarische Küche mit gutem Preisleistungsverhältnis. €

Hase Restaurant ➜ F8
St.-Apern-Str. 17–21, Innenstadt
✆ (02 21) 25 43 75
Mo–Fr 12–16, Sa bis 17 und ab 19 Uhr
Niveauvolle französisch-internationale Brasseriegerichte in dezentem Interieur. Beliebter Szenetreffpunkt. €

Kamasutra ➜ G8
Weyerstr. 114, nahe Barbarossaplatz
Mo–Fr 12–15 und 18–23, Sa/So 17.30–23 Uhr
✆ (02 21) 34 89 28 28
www.kamasutra-koeln.de
Schmackhafte indische Spezialitäten in ansprechender Umgebung. Den Schärfegrad kann man ganz nach Gusto selbst bestimmen. €€

Massimo Rosticceria ➜ J10
Alteburger Str. 41, Südstadt
✆ (02 21) 348 96 01
Mo–Fr 12–22, So 17–22 Uhr
In dem kleinen, quirligen Bistro gibt es italienische Küche zu günstigen Preisen. €

Moyos New Orleans Diner (international) ➜ F7
Hohenzollernring 21, Innenstadt
✆ (02 21) 16 94 82 99
www.moyos.de
So–Do 11–2, Fr/Sa 10–4 Uhr
Kreolische Küche mit französischem, spanischem und karibi-

Essen und Trinken

schem Einschlag, dazu Cocktails und täglich Livemusik (Jazz und Blues). €

Plomari ➜ J5
Sülzgürtel 96, Ecke Zülpicher Straße, Sülz
✆ (02 21) 44 86 89
www.plomari-koeln.de
Di–So ab 18, Küchenschluss 23 Uhr
In diesem kleinen Bar-Restaurant genießt man in gemütlicher Tavernenatmosphäre Mezedes (köstliche Appetithappen). Dazu gibt es Früh-Kölsch und gute griechische Weine. Reservierung! €

Serithai ➜ G7
Schaafenstr. 63, Innenstadt
✆ (02 21) 23 19 69
Tägl. 18–24 Uhr
Thailändisch und vegetarisch. Immer voll, unbedingt reservieren! €

Taj Mahal Köln ➜ F9
An St. Agatha 27, gegenüber Kaufhof Parkhaus
✆ (02 21) 258 03 36
www.tajmahal-koeln-restaurant.de
Tägl. 12–23 Uhr
Im ältesten indischen Restaurant der Stadt gibt es frisch zubereitete Spezialitäten aus ganz Indien und ausgesuchte bengalische Gerichte in entspannter und gemütlicher Atmosphäre. €

Warung Bayu ➜ F7
Brabanter Str. 5, nahe Rudolfplatz
✆ (02 21) 589 43 66
www.warungbayu.de
Mo–Fr 12–15 und 18–23, Sa/So 18–23 Uhr
Speisen nach balinesischer Art, die Karte hält auch für Vegetarier eine größere Auswahl bereit. €

Untere bis mittlere Preislage:

Apadana ➜ G8
Mauritiussteinweg 53, Innenstadt
✆ (02 21) 923 16 66
www.apadana.de
So, Di–Do 18–23, Fr/Sa 18–1 Uhr
Ausgezeichnete persische Küche in opulent und stilecht dekoriertem Raum, Fr/Sa orientalische Livemusik und Bauchtanz. Ein märchenhaftes Erlebnis. €€

Balthasar Ristorante ➜ L6
Klettenberggürtel 15, Klettenberg
✆ (02 21) 430 64 40
www.balthasarristorante.de
Di–Fr 18–1, Sa 9–1, So 10–1 Uhr
Neue italienische Küche, hausgemachte Eiscremesorten. €€

Café Especial ➜ F11
Neuhöfferstr. 32, nahe Deutzer Bahnhof, Deutz
✆ (02 21) 81 47 55
www.cafe-especial.com
Tägl. 12–24 Uhr
Kölns ältester Mexikaner serviert im Stil einer Cantina traditionelle Gerichte aus den verschiedenen Regionen Mexikos. Mehr als 70 Tequilasorten im Angebot. €

Chef ➜ E7/8
Spichernstr. 77, Am MediaPark
✆ (02 21) 650 36 50
www.chez-chef.de
Mo–Fr 12–15 und 18–23, Sa 18–23.30 Uhr
Die Gewichte- und Prüfhalle des alten Kölner Eichamts, mit Stahlzügen und Deckenkran ist heute der Gastraum des Restaurants. Fleischbetonte Küche. €€

Essers Gasthaus ➜ C6
Ottostr. 72, Ecke Nussbaumer Straße, Ehrenfeld
✆ (02 21) 42 59 54
www.essers-gasthaus.com
Tägl. ab 17.30, Küche 18–22.30 Uhr
Schönes Gasthaus mit guter Weinauswahl, dazu leckere gutbürgerliche österreichisch-deutsche Speisen. Auch schön: der großzügige Biergarten. €–€€

Etrusca ➜ H7
Zülpicher Str. 27, Kwartier Lateng
✆ (02 21) 240 39 00

Erleben & Genießen

www.ristorante-etrusca.de
Tägl. 12–15 und 18–23 Uhr
Sardische Kochkunst auf hohem Geschmacksniveau, ausgezeichnete Pasta, gute offene Weine. €€

KAP am Südkai ➡ J10
Agrippinawerft 30, Rheinauhafen, nahe Südbrücke
℅ (02 21) 35 68 33 33
www.kapamsuedkai.de
Mo–Fr 10–24, Sa/So 12–24 Uhr
Stylisches Restaurant mit Rheinblick : Moderne französische und internationale Küche, gute Weinauswahl. Restaurant, Lounge, Bar und Terrasse. €€

L'Accento ➡ G9
Kämmergasse 18, nahe Wasserturm
℅ (02 21) 24 72 38
www.ristorante-laccento.de
Mo–Fr 12–14.30 und 18–22, Sa ab 18 Uhr
Ausgezeichnete italienische Küche zu moderaten Preisen. Bitte reservieren! €€

Limani ➡ J10
Agrippinawerft 6, Rheinauhafen
℅ (02 21) 719 05 90
www.limanicologne.de
Mo–So 10–1 Uhr
Im Sommer kann man die mediterranen Gerichte auf zwei Terrassen mit Rheinblick genießen. €€

KAP am Südkai

Mario's Trattoria ➡ F7
Lütticher Str. 12, Belgisches Viertel
℅ (02 21) 52 54 53
www.marios-trattoria.de
Mo–Sa 12–14.45 und 18–23 Uhr
Sehr gute italienische Küche in elegant-gemütlichem Ambiente zu angemessenen Preisen. Im Sommer mit hübschem Gartenrestaurant. €€

Mezza Luna ➡ G7
Kaiser-Wilhelm-Ring 40, Altstadt-Nord
℅ (02 21) 130 06 12
www.restaurant-mezzaluna-koeln.de
Mo–Sa 11.30–15 und 17.15–23.30, Fei 17.30–23.30 Uhr
Italienische Culinaria in einer ehemaligen Kölschkneipe: Küche mit Niveau (kreative Vorspeisen!), gute Weinauswahl. An den Wochenenden manchmal Piano-Entertainment. €€

Mittlere bis höhere Preislage:

Alter Wartesaal ➡ G9
Johannisstr. 11, neben dem Hauptbahnhof
℅ (02 21) 91 28 85-0
www.wartesaal.de
Mo–Fr 17–24, Sa 18–24, So 10.30–15 Uhr (Brunch)
Beeindruckender Raum mit hoher Stuckdecke und elegantem Ambiente. Dazu gute international-moderne Crossover-Küche. €€–€€€

Bosporus ➡ E9
Weidengasse 36, Altstadt-Nord
℅ (02 21) 12 52 65
www.bosporus.de
Mo–Sa 12–24, So ab 16, Küche bis 23.30 Uhr
Stilvolles Lokal mit Garten, gehobene türkische Küche, die hohe Qualität an Leistung und Service wurde vielfach ausgezeichnet, zuletzt mit dem Gastro-Award Deutschland 2009. €€–€€€

Essen und Trinken

Casa di Biase ➜ H8
Eifelplatz 4, Volksgarten
✆ (02 21) 32 24 33
www.casadibiase.de
Mo–Fr 12–14 und 18.30–22.30, Sa 18.30–22.30 Uhr
Ausgefallene italienische Küche, serviert in schönem Gastraum. €€€

Daitokai ➜ F9
Kattenbug 2, nahe Stadtmuseum
✆ (02 21) 12 00 48/49
www.daitokai.de
Di–So 18–24, Fr/Sa/So auch 12–15 Uhr
Japanische Küche – nicht billig, aber gut. €€€

Em Krützche ➜ F10
Am Frankenturm 1–3, Altstadt
✆ (02 21) 258 08 39
www.em-kruetzche.de
Di–So 10–24, Küche 12–14.30 und 18–22 Uhr
Das Restaurant existiert seit 1589 und bietet gehobene traditionelle bürgerlich-rheinische Küche. Saisonale Wild- und Gänsespezialitäten. €€–€€€

Nikko ➜ G5
Dürener Str. 89, Lindenthal
✆ (02 21) 400 00 94
www.nikko-koeln.de
Mo–Fr 12–14.30 und 18.30–22.30, Sa/So 18–22 Uhr
Im Abseits einer Ladenpassage, exzellentes Sushi und japanische Küche. €€€

Steinmetz ➜ J9
Gottesweg 165, Klettenberg, nahe Luxemburger Straße
✆ (02 21) 44 79 34
www.steinmetz-restaurant.de
Tägl. außer Mo 18–0 Uhr
Schönes Jugendstilrestaurant mit guter Weinauswahl (auch offene Weine) und feiner französisch-mediterraner Küche. Dem »Überraschungsmenü« kann man getrost trauen. Im Sommer wird auch auf der Terrasse serviert. €€–€€€

Der ständige Gast im »Bauturm-Café«

Gehobene Preislage:

Alfredo ➜ F9
Tunisstr. 3, nahe Opernhaus
✆ (02 21) 257 73 80
www.ristorante-alfredo.com
Mo–Fr 12–15 und 18–23.30 Uhr
Sa/So/Fei Ruhetag
Exquisite italienische Küche in eleganter Atmosphäre. Freitags findet die musikalisch-kulinarischen Soirée statt, ein Liederabend, bei dem der 2010 mit einem Michelin-Stern gekürte Koch Roberto Carturan auch der Sänger ist. €€–€€€

Höchste Preislage:

La Vision ➜ G9
Kaygasse 2, Altstadt
✆ (02 21) 200 80
www.hotel-im-wasserturm.de
Di–Sa 18.30–21.30 Uhr
Ein Sternerestaurant über den Dächern von Köln. In der 11. Etage des früheren Wasserturms gibt es klassische Haute Cuisine modern interpretiert. €€€€

Le Moissonnier ➜ D9
Krefelder Str. 25, Agnesviertel
U-Bahn 12, 15 bis Hansaring
✆ (02 21) 72 94 79
www.lemoissonnier.de
Di–Do 12–15 und 18.30–24, Fr/Sa 12–15 und 19–24 Uhr
Eines der besten und schönsten Restaurants der Stadt mit reicher Weinkarte. €€€€

Erleben & Genießen

Cafés, Bistros, Weinlokale

Bauturm Café ➜ F7
Aachener Str. 24, nahe Rudolfplatz
℡ (02 21) 52 89 84
www.cafe-bauturm.de
Mo–Fr 8–3, Sa/So ab 9.30 Uhr
Sehr schönes Café mit künstlerischem Flair und legendärem Frühstücksangebot bis in die Nacht. Es werden nur frische und hochwertige Produkte verwendet. Der Kaffee ist ausgezeichnet. Meist voll, leider auch oft laut, aber von großem Charme.

Café Central ➜ G7
Jülicher Str. 1, nahe Rudolfplatz
℡ (02 21) 207 15 20
www.hotel-chelsea.de
Tägl. 7–1, Küche 12–24 Uhr
Legendäres Café, in dem sich in den 1980/90er-Jahren die internationale Kunstszene traf. Es gehört zum Hotel Chelsea, dem Prototyp des Künstlerhotels, in dem Martin Kippenberger, A.R. Penck, Rosemarie Trockel u.v.a. Arbeiten gegen Logis tauschten.

Café Fassbender ➜ F8
Mittelstr. 12–14, nahe Neumarkt
℡ (02 21) 92 59 99-0
www.fassbender.de
Mo–Fr 8–19, Sa 8–18, So 10–18 Uhr
Kleinigkeiten und Blick auf die Apostelnkirche.

Confiserie Fassbender/Café Jansen ➜ F9
Obenmarspforten 7, Altstadt
℡ (02 21) 27 27 39-0
Mo–Fr 9–18.30, Sa/So 11–18 Uhr
Wer Kaffee und Torten liebt, dem lege ich dieses Café besonders ans Herz. Einer der schönsten Tortentempel Kölns.

Café Reichard ➜ F9
Unter Fettenhennen 11, am Dom
℡ (02 21) 257 85 42
www.cafe-reichard.de
Tägl. 8.30–20 Uhr
Bau im neugotischen Stil von 1903/04, bis auf die Dachkonstruktion detailgetreu rekonstruiert; Logenplatz für den Anblick des Doms. Opulentes Frühstück vom Müsli bis zum Brunch.

Campi im Funkhaus ➜ F9
Wallrafplatz 5, nahe Dom
℡ (02 21) 925 55 55
www.campi-im-funkhaus.de
Mo–Sa 8–24, So 10–23 Uhr
Italienisches Café, Bar, ansprechende kleine Mahlzeiten.

Hallmackenreuther ➜ F7
Brüsseler Platz 9, Belgisches Viertel
℡ (02 21) 51 79 70
Tägl. 11–1 Uhr
Eine Mischung aus solidem Restaurant, Café und cooler Szenekneipe. Retrochic und breite Auswahl an Getränken.

Metzgerei/Salon Schmitz ➜ E7
Aachener Str. 28/30, nahe Rudolfplatz
℡ (02 21) 139 55 77
www.salonschmitz.com
Tägl. ab 10 Uhr
Kultbistro/Café im ehemaligen Metzgereigeschäft. Am Tresen wählt man aus hervorragenden Salaten, Quiches, Couscous und

Die Terrasse des traditionsreichen Café Reichard gegenüber der Westfassade des Kölner Doms

Essen und Trinken

Kuchen. Im dazugehörenden stylischen Salon ist Sehen und Gesehenwerden angesagt.

Rheinterrassen ➜ E10
Rheinparkweg 1, Deutz
✆ (02 21) 65 00 43 21
www.rhein-terrassen.de
Mo–Sa 18–1, So 12–17 Uhr, im Winter Mo geschl.
Manche sagen, der Blick sei besser als das Essen. Sonntags »Chill Out Breakfast« mit Buffet für € 19.

Settebello Eiscafé ➜ J10
Alteburger Str. 5, Südstadt
✆ (02 21) 32 91 94
www.settebello.biz
Tägl. 11–23, im Winter 11–20, So 12–20 Uhr
Bekanntestes Eiscafé in der Südstadt mit Riesenauswahl.

Sorgenfrei ➜ F7
Antwerpener Str. 15, Belgisches Viertel
✆ (02 21) 355 73 27
www.sorgenfrei-koeln.com
Mo–Fr 12–15 und 18–24, Sa 18–24 Uhr
Weinbar mit Schwerpunkt auf deutschen und italienischen Weinen.

Wein am Rhein ➜ E9
Johannisstr. 64, nahe Bahnhof
✆ (02 21) 91 24 88 85
www.weinamrhein.eu
Di–Fr 12–14.30 und 18.30–22, Sa/So 18.30–22 Uhr
Weinstube mit ca. 50 offene Weine auf der Karte, dazu eine gute Auswahl neudeutscher Küche, beides in sehr schönem modernem Ambiente fast neben dem Dom.

Brauhäuser, Kneipen

Brauereiausschank Gaffel Haus
➜ F9
Alter Markt 20–22
✆ (02 21) 257 76 92
www.gaffel-haus.de
Tägl. 11–1, Fr/Sa bis 3 Uhr

Das Haus »Zur Brezel« ist das älteste Haus am Alter Markt. Es hat bereits 1213 hier gestanden. Ende des 16. Jh. wurde das Haus »Zum Dorn« angebaut. Zusammen bilden sie das Gaffelhaus.

Brauhaus Pütz ➜ G7
Engelbertstr. 67, nahe Rudolfplatz
✆ (02 21) 21 11 66
Mo–Sa 12–1, So 16.30–1 Uhr
Kölsch-rustikales Essen, nette urige Atmosphäre. Raucher- und Nichtraucherräume.

Brauhaus Sünner im Walfisch
➜ F9/10
Salzgasse 13, Altstadt
✆ (02 21) 2 57 78 79
www.walfisch.net
Mo–Do ab 17, Fr ab 15, Sa/So ab 11 Uhr
Kleines gehobenes Brauhaus mit dem für Köln typischen Hängestübchen, einer hölzernen Zwischenebene, das die urige Wirkung des Raumes unterstreicht.

Em Golde Kappes ➜ B9
Neusser Str. 295, Nippes
✆ (02 21) 92 29 26 40
www.emgoldekappes.de
Mo–Sa 10–24, So/Fei 10–22 Uhr
Eine der älteste Nippeser Kneipen und eine der schönsten kölschen *Weetschaften* dazu.

Früh am Dom ➜ F9
Am Hof 12–14, Altstadt
✆ (02 21) 26 13-211, www.frueh.de
Tägl. 8–24 Uhr
Eines der traditionsreichen Kölner Brauhäuser, stets gut besucht. Touristen lieben das Platzangebot im Freien, das sich bis zum Heinzelmännchenbrunnen erstreckt. Viele Kölner und Kölnerinnen bevorzugen jedoch ihr Kölsch im Stehen.

Früh em Veedel ➜ J9
Chlodwigplatz 28, Südstadt
✆ (02 21) 31 44 70, www.frueh.de
Mo–Sa 11–1 Uhr
Deftige kölsche Gastlichkeit.

Erleben & Genießen

Kölsch-Seligkeit im »Früh am Dom«, einem der Brauhäuser von Köln

Gaffel am Dom ➡ F9
Trankgasse/Bahnhofsvorplatz 1
☏ (02 21) 913 92 60
www.gaffelamdom.de, Mo–Do und So 11.30–24, Fr/Sa 11.30–2 Uhr
2008 im denkmalgeschützten Deichmannhaus neu eröffnet und ganz und gar ein Brauhaus alten Stils.

Haus Töller ➡ G8
Weyerstr. 96, nahe Barbarossaplatz
☏ (02 21) 258 93 16
www.haus-toeller.de/
Mo–Sa 17 Uhr bis »letzte Runde«, Küche bis 22.30 Uhr
Traditionelle kölnische Küche, solides Preisleistungsverhältnis.

Haus Unkelbach ➡ F11
Luxemburger Str. 260, Sülz
☏ (02 21) 41 41 84
www.hausunkelbach.de
Mo–Fr 17–24, Sa/So 11–1, Küche bis 22.30 Uhr
Seit fast 80 Jahren bietet das Wirtshaus gediegene kölsche Atmosphäre und gute regionale Speisen.

Malzmühle ➡ G9
Heumarkt 6, Altstadt
☏ (02 21) 21 01 17
www.malzmuehle.de
Mo–Fr 10–24, Sa/So 11–23, Küche 11.30–23 Uhr
Eines der traditionellen Brauhäuser in Köln.

Päffgen Brauhaus ➡ F8
Friesenstr. 64–66, Innenstadt
☏ (02 21) 13 54 61
www.paeffgen-koelsch.de
So–Do 10–24, Fr–Sa 10–0.30 Uhr
Altehrwürdige Kölsch-Kathedrale, 1883 von Hermann Päffgen gegründet; Ausschank vom Fass.

Peters Brauhaus ➡ F9
Mühlengasse 1
☏ (02 21) 257 39 50
www.peters-brauhaus.de
Tägl. 11–24.30 Uhr
1544 stand hier das Brauhaus »Zum Kranz«. 1994 hat die Monheimer Brauerei Peters & Bambeck die Tradition des Ortes wiederbelebt und bietet gute kölsche Küche in schöner und freundlicher Atmosphäre.

Sion Brauhaus ➡ F9
Unter Taschenmacher 5–7, Altstadt
☏ (02 21) 257 85 40
www.brauhaus-sion.de
Tägl. 10.30–0.30 Uhr
Unter dieser Adresse ist bereits 1318 eine Braustätte bezeugt. 1912 erwarb der Brauer Jean Sion das Brauhaus und gab es 1936 an seinen Sohn Hans weiter. Rund 600 Plätze umfassen die Braustube, die Ratsstube, Zunft- und Wappensaal sowie die Schänke mit dem Stehausschank.

Essen und Trinken

Zum Alten Brauhaus ➜ H9
Severinstr. 51, Südstadt
✆ (02 21) 60 60 87 80
www.brauhaus-suedstadt.de
Mo–So 11–24 Uhr
2009 an dem Standort eröffnet, wo 1894 von Heinrich Reissdorf eine Brauerei errichtet wurde.

Biergärten

Aachener Weiher ➜ F/G6
Richard-Wagner-Straße
✆ (02 21) 500 06 14, 508 04 27
www.biergarten-aachener-weiher.de, tägl. 11–24 Uhr
Biergarten am Fuße eines oft rappelvollen Hügels mit Blick auf das Ostasiatische Museum.

Club Astoria Biergarten am See
Guts-Muths-Weg 3, Müngersdorf, Nähe RheinEnergieStadion
✆ (02 21) 98 74 51-0
www.club-astoria.eu
Tägl. außer Mo 12–24 Uhr
Die Lage ist unschlagbar: mitten im Stadtwald mit Blick auf den von alten Bäumen umgebenen Adenauer-Weiher. 2007 entstanden in dem 1948 von der belgischen Armee als Offizierscasino und Hotel erbauten und unter Denkmalschutz stehenden Club Astoria Restaurant, Bistro und Biergarten.

Deutzer Bahnhof ➜ F11
Ottoplatz 7, Deutz
✆ (02 21) 880 06 15
www.deutzerbahnhof.de
Tägl. 11–1, Fr/Sa mindestens bis 3, Küche bis 23 Uhr
Unkonventionelle Öffnungszeiten und solide Küche garantieren angenehme Abende bis tief in die Nacht.

Herbrand's ➜ D4
Herbrandstr. 21, Ehrenfeld
✆ (02 21) 954 16 26
www.herbrands.de
Mo–Fr ab 18, Sa ab 15, So ab 10 Uhr
Restaurant, Club, Partylocation, Live-Events und großer Biergarten, in dem am Wochenende bei gutem Wetter gegrillt wird – auch für Vegetarier.

Petersberger Hof ➜ K6
Petersbergstr. 41, Klettenberg
✆ (02 21) 44 36 00
www.petersberger-hof.de
Mo–Fr 11.30–2, Sa/So/Fei ab 10, im Biergarten bis 23 Uhr
100 Plätze mit gemischtem Publikum.

Rathenauplatz ➜ G7
Rathenauplatz, Kwartier Lateng
✆ (02 21) 801 73 49, www.buergergemeinschaft-rathenauplatz-ev.de
Tägl. 11–22 Uhr
Bei angenehmen Temperaturen wird der Platz in einen großen Biergarten verwandelt. Nebenan ist ein Spielplatz.

Stadtgarten ➜ E7
Venloer Str. 40, Neustadt Nord
✆ (02 21) 95 29 94-0
www.stadtgarten.de
Mo–Do 12–1, Fr/Sa 12–2, So 10.30–1 Uhr, Biergarten 12–24 Uhr
Drinnen und draußen und an Sommerabenden immer rappelvoll.

Wolkenburg ➜ G8
Mauritiussteinweg 59, Innenstadt
✆ (02 21) 921 32 60
www.wolkenburg.de
Mo–Fr 18–23 Uhr
Kleiner Biergarten im schönen barocken Innenhof eines ehemaligen Klosters.

Köbes im Brauhaus »Päffgen«

Erleben & Genießen

Nightlife: Clubbing, Bars

Freunde der Nacht finden je nach Gusto verschiedene Anlaufstellen in der Kölner Innenstadt. In der **Altstadt**, dem Viertel südlich des Doms, reiht sich eine Kneipe an die andere. Die Mischung aus Brauhäusern und Kölschkneipen ist vor allem bei Touristen sehr beliebt.

Das **Friesenviertel**, besonders die Friesenstraße, ist die wohl betriebsamste Gegend nach Einbruch der Dunkelheit. Kneipen und Bars unterschiedlicher Couleur laden zum Flanieren und Verweilen unter dem Motto »sehen und gesehen werden« ein. An den **Ringen** zwischen Kaiser-Wilhelm-Ring und Friesenplatz reihen sich ein paar klassische Discos aneinander, bei denen es erst mal gilt, den kritischen Augen der Türsteher standzuhalten, um unter den Schönen die Nacht zum Tage zu machen (»Crystal«, »Nachtflug«, »Loom « – jeweils Fr/Sa ab 23 Uhr). Zwischen Friesenplatz und Rudolfplatz liegen eher Bars, zum Teil mit Livemusik.

Nicht nur Paris hat ein Quartier Latin, in Köln heißt es **Kwartier Lateng** und liegt zwischen Zülpicher Platz und Universität. Hier ist die studentische Szene mit Kneipen und Discos zu Hause. Das sogenannte Bermuda-Dreieck der **schwulen Szene** befindet sich im Areal Schaafenstraße und Mauritiuswall.

Clubbing

Alter Wartesaal ➔ E10
Johannisstr. 11, Hauptbahnhof
✆ (02 21) 91 28 85-0
www.wartesaal.de
Mo und Fr–So 22–5 Uhr
Am Wochenende volles Disco-Haus in der alten Wartehalle; Konzerte ab 20 Uhr.

Capri Lounge ➔ F8
Benesisstr. 61, nahe Rudolfplatz
✆ (02 21) 820 33 60
Di–Sa 20–3 Uhr
Von Yellow Birds bis Zombie: Cocktailbar im Kellergewölbe des »4 cani della città«.

E-Werk ➔ aB3
Schanzenstr. 37 (Mülheim)
✆ (02 21) 967 90
www.e-werk-koeln.de
Die große Halle wird regelmäßig als Konzerthalle und während des Karnevals für die Stunksitzung genutzt.

MTC ➔ G7
Zülpicher Str. 10, Kwartier Lateng
✆ (02 21) 240 41 88
www.mtcclub.de
Tägl. Rock und Indie.

Petit Prince ➔ E7
Hohenzollernring 90, Innenstadt
✆ (02 21) 12 25 20
www.petitprince.de
Mo/Di 21–1, Mi bis 3, Do/Fr 23–5, Sa 22–5 Uhr
Kölns Nachtclub für Salsa-Fans, Di/Mi und Sa/So Salsa und Merengue, Sa ab 22 Uhr Disco Latina mit Salsa, Bachata, Merengue und Gratistanzkurs.

Rose Club ➔ H7
Luxemburger Str. 37, Kwartier Lateng
✆ (02 21) 240 82 66
www.rose-club-cologne.de
Di–Sa ab 23 Uhr
Mi–Sa Indie-Pop.

Triple A ➔ F7
An der Hahnepooz 8, Rudolfplatz
✆ (0172) 290 06 66
www.triplea-club.com
Hier tanzt die schickere Studentenszene zu elektronischer Musik,

Nightlife

Disco in der Säulenhalle des Alten Wartesaals

House, Dance, Charts, Publikum: jung, urban, stylish, Dresscode elegant & sexy.

Einundfünfzig ➡ F7
Hohenzollernring 51, Innenstadt
✆ (02 21) 16 90 64 70
Tägl. ab 22 Uhr
www.einundfuenfzig.com
Ambitionierte Location. Gut gestylt essen, trinken, tanzen bei LatinPop, HipHop, Soul und House. Do/Fr Livemusik.

GEBÄUDE 9 ➡ D12
Deutz-Mülheimer Str. 127–129, Deutz
✆ (02 21) 81 46 37
www.gebaeude9.de
Die ehemalige Fabrikhalle im KHD-Komplex ist heute Veranstaltungsort mit unkonventionellem Programm. Konzerte (Independent und elektronische Musik), Clubbing, multimediale Performances, Film, Theater.

Gloria ➡ F8
Apostelnstr. 11, nahe Neumarkt
✆ (02 21) 66 06 30
www.gloria-theater.com
Das ehemalige Premierenkino ist ein kleiner, aber feiner Veranstaltungsort für Konzerte, Kunstaktionen, Theater (»Fang den Mörder«), Kino, Empfänge. Das Café im Foyer bietet tägl. Frühstück und kleine Snacks zur Stärkung.

LUXOR ➡ H7
Luxemburger Str. 40, Kwartier Lateng
✆ (02 21) 92 44 60
www.luxor-koeln.de
Partys Fr/Sa ab 23 Uhr
Musikclub mit Tradition und studentischem Publikum. Auch Konzerte.

Päff ➡ F7
Friesenwall 130, Innenstadt
✆ (02 21) 12 10 60
So–Do 20–2, Fr/Sa 20–3 Uhr
www.paeff.com
Die Kult-Musikkneipe aus den 1970ern hat sich zu einer modernen Soundbar für Jazz, Soul oder Blues gewandelt.

Palladium ➡ aB3
Schanzenstr. 40, Mülheim
✆ (02 21) 96 79-0
www.palladium-koeln.de
Konzerte, Partys, aber auch Lesungen.

Roxy ➡ F7
Aachener Str. 2, Belgisches Viertel
✆ (02 21) 25 19 69, www.roxy.ag
Tägl. 24–4, Do–Sa bis 6 Uhr

Erleben & Genießen

In der Woche nach 1 Uhr nachts für alle, die noch nicht genug haben.

Underground ➔ D4
Vogelsanger Str. 200, Ehrenfeld
✆ (02 21) 54 23 26
www.underground-cologne.de
Regelmäßig Independent/Alternative-Konzerte. An fünf Tagen in der Woche Disco (Pop bis Punk) bei freiem Eintritt. Im Sommer gemütlicher Biergarten. Live-Übertragung von großen Sportereignissen.

Wiener Steffie ➔ F9
Quatermarkt, Gürzenichpassage, Altstadt
✆ (02 21) 257 68 00
wiener-steffie.com
Fr/Sa 20–5 Uhr
Kölner Stimmungslokal mit Mallorcaparty, Singleparty, Après-Ski-Party, Krankenschwesterparty, Junggesellenversteigerung – eine Mischung aus Bierzelt, Kirmes und Ballermann: tanzen, feiern, anmachen – und der Alkohol fließt in Strömen.

Bars

Der Haifischclub ➔ H9
Im Ferkulum 24–26, Südstadt
✆ (02 21) 310 33 06
www.haifischclub.de
Di–Do 21–2, Fr–So 21–4 Uhr
Exclusive Cocktailbar in schönem Gewölbekeller mit extravagantem Flair.

Bruegel deLuxe ➔ F7
Hohenzollernring 17, nahe Rudolfplatz
✆ (02 21) 25 25 79
www.bruegeldeluxe.de
Tägl. 11–3, Fr/Sa bis 4 Uhr
Eine Mischung aus Brasserie und Pianobar. Jeden Abend ab 22.30 Uhr Livemusik (R'n'B, Soul). Keine Turnschuhkneipe!

Studio 672 ➔ E7
Venloer Str. 40, Innenstadt
✆ (02 21) 95 29 94 30
www.stadtgarten.de
Events und Konzerte – meist Jazz – für Nachtschwärmer in der kleinen Bar unter dem großen **Stadtgarten**.

Osman30 ➔ D8
KölnTurm im MediaPark 8 (30. Etage)
✆ (02 21) 50 05 20 80
www.osman-cologne.de
Do 21–1, Fr/Sa 22.30–3 Uhr
Ob man im Restaurant gut essen kann, darüber streiten sich die Geister, ganz sicher aber nicht preiswert. Aber es gibt ja noch den Nachtsalon mit Cocktails, Wein, und Cosmopolitan-Lounge-Music und dem atemberaubenden Blick auf die nächtliche Stadt.

Rosebud ➔ G7
Heinsbergstr. 20, Kwartier Lateng
✆ (02 21) 240 14 55
www.rosebud.de
Mo–Do 20.30–2, Fr/Sa 21–3, So 21–2 Uhr
Mit der Auszeichnung »Beste Bar Deutschlands« prämiert. Unregelmäßig wird hier auch Kleinkunst präsentiert.

Die Kunstbar ➔ F9
Chargesheimerplatz 1, nahe Dom
✆ (0172) 527 98 45
www.diekunstbar.com
Mo–Sa ab 20 Uhr
Ausgefallene Szenebar mit eigenwilligem Interior-Design-Konzept. Jedes Jahr gestaltet ein Künstler die Bar mit Einrichtung, Farben, Musik, Dekoration und auch das Getränkeangebot nach seinen Ideen neu.

VIC Bar ➔ F8
Friesenstr. 16, Altstadt-Nord
✆ (02 21) 13 51 16
www.vicbar-cologne.de
Di–Do 19–1, Fr–So bis 4 Uhr
Angenehme Baratmosphäre, freundlicher Service und gekonnt gemixte Cocktails. ∎

Kultur und Unterhaltung: Theater, Literatur, Musik, Kinos

Kleinkunst, Kulturveranstaltungen, Lesungen, Tanzperfomances, Pantomime, politisches Kabarett – in der Medienstadt Köln leben sehr viele Musiker, Künstler, Autoren, Kabarettisten, DJs, Filmleute und andere Kreative ... Gut, Köln ist nicht Berlin, aber auch wenn die Stadt vielleicht nicht durchweg mit Metropolencharakter glänzt, macht der persönliche Charme vieler Locations und das kontaktfreudige, begeisterungsfähige Publikum vieles wett.

Termine finden Sie in der *Monatsvorschau,* die bei KölnTourismus erhältlich ist, sowie in der Tagespresse, donnerstags im »Ticket« des *Kölner Stadt-Anzeiger*s und in den *Stadtmagazinen.*

Theater, Literatur

Atelier Theater ➡ G7
Roonstr. 78, Innenstadt
U-Bahn 1, 7 bis Rudolfplatz oder Moltkestraße
✆ (02 21) 24 24 85
www.ateliertheater.de
Theaterleiterin Rosa K. Wirtz präsentiert Kabarett und Comedy.

Comedia Theater ➡ J9
Vondelstr. 4–8, Südstadt
U-Bahn 15, 16 bis Chlodwigplatz
✆ (02 21) 888 77-222
www.comedia-koeln.de
In zwei Sälen werden hier Kindertheater und Junges Theater, Theater, Tanz und Konzerte für junges wie erwachsenes Publikum und vor allem hochkarätige Gastspiele aus Kabarett & Comedy geboten.

Freies Werkstatt Theater ➡ J9
Zugweg 10, Südstadt
U-Bahn 15, 16 bis Chlodwigplatz
✆ (02 21) 32 78 17
www.fwt-koeln.de
Freies Theater, das seit 30 Jahren mit experimentellen Arbeiten und einem engagierten Gesamtkonzept beeindruckt.

Halle Kalk ➡ aB3
Neuerburgstraße, Eingang Ottmar-Pohl-Platz
U-Bahn 1, 9 bis Kalk Post

Kölsch sprechen die Puppen im Hänneschen Theater

Erleben & Genießen

✆ (02 21) 22 12 84 00
Abendkasse ✆ (02 21) 995 53 12 10
Spielstätte des Kölner Schauspiels auf der rechten Rheinseite in den ehemaligen Werkhallen von Klöckner-Humboldt-Deutz.

Hänneschen Theater ➡ F10
Eisenmarkt 2–4, nahe Heumarkt
✆ (02 21) 258 12 01
www.haenneschen.de
Stockpuppentheater für Kinder und Erwachsene in weitgehend verständlichem Kölsch. Feierte 2002 sein 200-jähriges Bestehen.

Kulturkirche Köln ➡ B8
Siebachstr. 85, Nippes
✆ (02 21) 973 10 30
*www.*kulturkirche-koeln.de
Die Lutherkirche, nach wie vor Gemeindekirche, wird auch als Veranstaltungsort für Konzerte, Lesungen, Kabarett, Film und Kunst genutzt.

Literaturhaus Köln ➡ K10
Schönhauser Str. 8, Bayenthal
✆ (02 21) 995 55 80
www.literaturhaus-koeln.de
Im mitgliederstärksten deutsche Literaturhaus finden wöchentlich zwei bis drei Veranstaltungen von Autorenlesungen, Debatten, Performances bis zu Ausstellungen statt. Das *Junge Literaturhaus* (www.junges-literaturhaus.de) wendet sich an junge Menschen zwischen 12 und 20 Jahren.

Millowitsch-Theater ➡ F7
Aachener Str. 5, nahe Rudolfplatz
✆ (02 21) 25 17 47
www.millowitsch.de
Kölsche Schwänke. Jahrzehnte geleitet vom 1999 verstorbenen Publikumsliebling und Kölner Ehrenbürger Willy Millowitsch, heute geführt von seinem Sohn Peter.

Scala-Theater ➡ F7
Hohenzollernring 48, Innenstadt
✆ (02 21) 420 75 93
www.scala-koeln.de

Theaterleiter und Kult-Regisseur Walter Bockmayer ist für seine urkölschen und gerne auch derben Inszenierungen bekannt.

Schauspielhaus Köln ➡ F8/9
Offenbachplatz 1
✆ (02 21) 221-284 00
Abendkasse ✆ (02 21) 221-282 52
www.buehnen-koeln.de
Klassische und zeitgenössische Dramen sowie Avantgardestücke werden inszeniert. Seit Karin Beier 2007 die Intendanz übernommen hat, wird die Arbeit wieder überregional wahrgenommen. Die Fachzeitschrift *Theater heute* kürte das Schauspiel Köln zum Theater des Jahres 2010.

Schlosserei im Schauspielhaus
➡ F8
Krebsgasse 20
✆ (02 21) 22 12-84 00
Abendkasse ✆ (02 21) 2212-83 21
Werkstattbühne.

Senftöpfchen ➡ F9
Große Neugasse 2–4, Altstadt
✆ (02 21) 258 10 59
www.senftoepfchen-theater.de
Karten auch über KölnTicket
Die renommierte private Kleinkunstbühne besteht seit 1959. Vielseitiges Programm – Revue, Kabarett, politische Satire, Liedermacher – und Service während der Vorstellung.

Theater im Bauturm ➡ F7
Aachener Str. 24, nahe Rudolfplatz
✆ (02 21) 52 42 42
www.theater-im-bauturm.de
1983 gegründetes freies Theater mit 150 Plätzen, das jedes Jahr drei bis fünf Eigenproduktionen literarisch ambitionierter Stücke auf die Bühne bringt. Dazu gehört das beliebte Bauturm-Café.

Theater am Dom ➡ F9
Glockengasse 11 (Opern Passage)
✆ (02 21) 258 01 53/54
www.theateramdom.de

Kultur und Unterhaltung

Das Boulevardtheater begeistert sein Publikum mit humorvollen Inszenierungen.

theater der keller ➜ J8
Kleingedankstr. 6, Südstadt
✆ (02 21) 31 80 59 und (02 21) 27 22 09 90
www.theater-der-keller.de
Avantgardistisches, innovatives freies Theater mit angeschlossener Schauspielschule. Produziert werden gesellschaftspolitisch und philosophisch anspruchsvolle Zeitstücke, aber auch moderne Klassiker-Adaptionen.

Theater Tiefrot
Dagobertstraße 32, nahe Hauptbahnhof
✆ (02 21) 460 09 11
www.theater-tiefrot.com
Das Kellertheater Tiefrot unter dem Hopper Hotel St. Antonius gilt inzwischen als renommiertes Off-Theater.

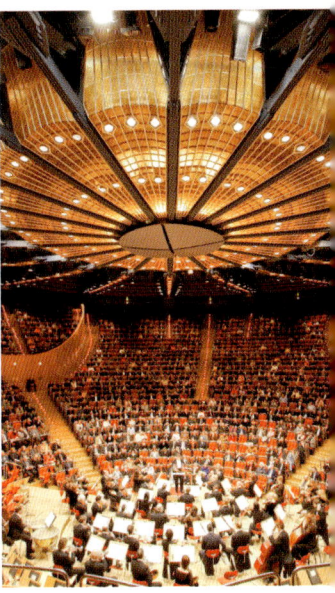

Um eine möglichst perfekte Raum-Akustik zu erhalten, wurde die Kölner Philharmonie einem klassischen Amphitheater nachempfunden

Musik

Kölner Philharmonie ➜ F9
Bischofsgartenstr. 1, neben dem Dom
✆ (02 21) 204 08-0
Tickets ✆ (02 21) 28 02 80 oder bei KölnTicket
www.koelner-philharmonie.de
Konzertsaal Nr. 1 in Köln, internationale Stars und Orchester, Kölner Rundfunk-Sinfonie-Orchester, Gürzenich-Orchester.

Klaus-von-Bismarck-Saal im WDR ➜ F9
Wallrafplatz 5, nahe Dom
Konzerte des WDR, Nachtmusik (So vormittags); Matinee der Liedersänger. Karten über KölnTicket.

Gürzenich ➜ F9
Martinstr. 29-37
Info Kölnkongress ✆ (02 21) 284 89 11
www.koelnkongress.de
Historischer Fest- und Konzertsaal.

LANXESS arena ➜ F11
Willy-Brandt-Platz 1, Deutz
www.lanxess-arena.de
Tickets ✆ (02 21) 80 20
Konzerte internationaler und deutscher Stars; auch andere Veranstaltungen.

Musical Dome ➜ E10
Goldgasse 1, am Hauptbahnhof
✆ 018 05-20 01
www.musical-dome.de
Ursprünglich als Provisorium neben dem Hauptbahnhof errichtet, hält sich die Spielstätte für Musicals nun bereits seit 1996. Gastspiele verschiedener Produktionen.

Oper der Stadt Köln ➜ F8/9
Offenbachplatz 1, Innenstadt
✆ (02 21) 221-84 00

Erleben & Genießen

Opern aller Epochen, festes Ensemble, Gaststars, Koproduktionen mit internationalen Bühnen. Während der Sanierung (bis ca. 2015) Aufführungen in Ersatzspielstätten.

Stadtgarten ➜ E7
Venloer Str. 40
www.stadtgarten.de
✆ (02 21) 95 29 94-0, -11 (Konzertbüro)
Innovativer Jazz, Musikerszene Europas und Amerikas, ca. 15 Veranstaltungen im Monat.

Papa Joe's Jazzlokal »Em Streckstrump« ➜ F9
Buttermarkt 37, Altstadt
✆ (02 21) 257 79 31
www.papajoes.de
Live-Jazz mit Bands aus dem In- und Ausland.

Tanzbrunnen im Rheinpark
➜ E11
Rheinparkweg 1, Deutz
Info Kölnkongress ✆ (02 21) 821 31 83
April–Sept.
Programm und Karten bei KölnTicket und an den Kassen am Tanzbrunnen.
Folklore, Jazz, Rock, Pop, Unterhaltung, Open-Air-Disco, »Linus' Talentprobe«.

Kinos

Das aktuelle Programm der Filmtheater erscheint in der Tagespresse, donnerstags in »Ticket« sowie in den Stadtmagazinen, ebenso telefonisch ✆ 01 90-11 52 21

Cinenova ➜ D4
Herbrandstr. 11, Ehrenfeld
✆ (02 21) 954 17 22
www.cinenova.de
Schönes Kino in Ehrenfeld, auch gut für ein Kölsch oder etwas Essbares, mit Biergarten, im Sommer Open-Air-Kino.

Metropolis ➜ D9
Ebertplatz 19, Innenstadt
✆ (02 21) 72 24 36 (Reservierung),
✆ (02 21) 739 12 45 (Programminfo)
www.metropolis-koeln.de
Originalfassungen, Kinderfilme.

Off-Broadway ➜ H7
Zülpicher Str. 24
Kwartier Latäng
✆ (02 21) 820 57 33, 23 24 18
www.off-broadway.de
Programmkino mit Café und Biergarten.

Odeon ➜ H9
Severinstr. 81, Südstadt
✆ (02 21) 31 31 10
www.odeon-koeln.de
Bevor das Odeon-Programmkino einzog, lag hier das Theater eines Kölner Originals: Trude Herrs Theater im Vringsveedel. Schönes Kino mit (kleiner) Kneipe und Biergarten und guter Filmauswahl.

Tickets

KölnTicket
www.koelnticket.de
✆ (02 21) 28 01

Verkaufsstellen in der Innenstadt
– Breite Str. 22, in den Opern Passagen ➜ F9
✆ (02 21) 258 01 49
– Hohenzollernring 2–4, am Rudolfplatz ➜ F7
✆ (02 21) 258 29 57
– Neumarkt, in der U-Bahn-Passa- F/G8
✆ 257 38 42

Shopping: Einkaufszentren, Kaufhäuser, Spezialgeschäfte

Zwischen Dom und Neumarkt liegen Kölns beliebteste und meistbesuchte Shoppingmeilen Hohe Straße, Schildergasse und Breite Straße. Die Enge der **Hohen Straße** beruht darauf, dass diese Nord-Süd-Verbindungsstraße bereits in römischer Zeit angelegt wurde. Sie wurde 1967 die erste Fußgängerzone Deutschlands. Von ihr zweigt die **Schildergasse** ab, die mit über 10 000 Besuchern täglich die meistfrequentierte Einkaufsstraße Deutschlands ist. Hier liegen Kaufhäuser und Filialisten wie H&M, Zara, Mango, Zero, New Yorker und Sport Scheck. Die **Fußgängerzone Breite Straße** bietet einen vielfältigen Mix von Feinkost, Parfümerien bis zu Designerbrillen, dazu die **WDR-Arkaden**, die modernisierten **Opern Passagen**, und das **DuMont-Carré**.

Einkaufszentren

WDR-Arkaden ➜ F9
Breite Straße
Einkaufspassage und Medienzentrum, im oberen Teil befindet sich die Kantine des WDR, im Untergeschoss das »Gläserne Studio«, aus dem live übertragen wird, und ebenerdig liegen Mausladen und die Hauptpost.

Opern Passagen ➜ F8/9
Zwischen Breite Straße und Glockengasse
1964 als eine der ersten Einkaufspassagen »Kölner Ladenstadt« eröffnet. Inzwischen komplett umgestylt. Hier kauft man Porzellan und Musikinstrumente, Golf-Ausstattungen, Handtaschen, Kunstdrucke und im Stammhaus 4711 natürlich Echt Kölnisch Wasser.

Neumarkt Passage ➜ F8
Bücher, Möbel, Modedesign, Schmuck, Hüte, Füllhalter und exklusive Blumenarrangements, dazu Cafés und Speiseangebote mit Blick auf einen künstlichen Wasserfall – anspruchsvoll in Angebot und Ambiente.

Albertusstraße, St.-Apern-Straße und Kreishausgalerie ➜ F8
Neben verschiedenen Antiquitätenläden findet man hier Kunsthandlungen und diverse Galerien

»City Shopping« in der Schildergasse

Erleben & Genießen

mit Gemälden, Skulpturen, Grafiken und zeitgenössischer Fotografie. In der Kreishausgalerie ist zudem die Kölner Niederlassung des Auktionshauses Sotheby's ansässig.

Zwischen Rudolfplatz und Neumarkt ➡ F8
Mittel- und Pfeilstraße, Kölns exklusivste Einkaufsstraßen, bieten Schmuck- und Schuhläden sowie Hochwertiges von Kenzo bis Strenesse. Im **Bazaar de Cologne** präsentiert z.B. der Apropos Concept-Store High-Fashion-Designer und Lifestyleprodukte. Weniger Luxus- als Trendlabels findet man in **Aposteln- und Ehrenstraße**, wo auch Läden wie Esprit, H&M und Zara ein vorwiegend junges Publikum zum Einkauf locken. Dazwischen gibt es Cafés und Bistros.

Ringe ➡ D–G7/8
Besonders zwischen Zülpicher Platz und Christophstraße findet sich die deutschlandweit größte Ansammlung von exklusiven Einrichtungs- und Designermöbelgeschäften. Am Friesenplatz bietet Weingarten Sportkleidung, Trendmode und als Besonderheit Spezialgrößen.

Belgisches Viertel ➡ F/G7
Shoppen für Individualisten: Zwischen Venloer und Zülpicher Straße haben sich kleine Läden mit jungen und kreativen Modeideen von Avantgarde bis Retro-Look niedergelassen. Dazwischen gibt es Schuhe, Schokolade und Schmuck. Zudem Süßes zwischen Kunst und Kuchen (Antwerpener Str. 39) und Buntes im Blumengarten Köln (Venloer Str. 9).

Kaufhäuser

Galeria Kaufhof ➡ F9
Hohe Straße
Das Konzern-Flaggschiff der Kaufhof AG wurde 1912–14 von Willhelm Kreis erbaut. Auftraggeber war Leonhard Tietz, der hier das erste moderne Kaufhaus Deutschlands eröffnete, in dem 1925 die erste Rolltreppe Deutschlands in Betrieb genommen wurde.

Karstadt ➡ F8
Breite Str. 103–135
Das Kaufhaus Carl Peters war Bombentreffern zum Opfer gefallen. In den 1950er-Jahren übernahm der Karstadt-Konzern die Bauruine und errichtete das Kaufhaus neu, das heute nach dem Shop-im-Shop-Prinzip geführt wird.

Peek & Cloppenburg ➡ F/G9
Schildergasse 65–67
Im September 2005 eröffnete das Kaufhaus in dem beeindruckenden Glasbau des Star-Architekten Renzo Piano mit Damen-, Herren- und Kinderbekleidung.

Spezialgeschäfte

Besteckhaus & Besteckmuseum Glaub ➡ F9
Komödienstr. 107–113, nahe Dom
✆ (02 21) 13 41 36
www.besteckhaus-glaub.com
Laden Di–Fr 10–18 Sa 10–14, Ausstellung tägl. 10–21 Uhr
Das Familienunternehmen besteht seit 1950 und bietet im exklusiven Ladeninterieur mit großen Glasvitrinen 500 extravagante Besteckmuster .Für Reparaturen und Restaurationen steht eine eigene Werkstatt zur Verfügung, wo auch verlorene Einzelstücke nachgefertigt werden.

Domladen ➡ F9
An der Bahnhofseite des Dom
✆ (02 21) 179 40-532
www.dombau-koeln.de
Tägl. 10–18 Uhr
Alles, was Sie schon immer mit dem Motiv des Kölner Doms erwerben wollten. Für Mitbringsel in letzter Minute, da auch sonntags geöffnet.

Shopping

Köselsche Buchhandlung ➜ F9
Roncalliplatz 2, am Dom
✆ (02 21) 27 27 21-0
www.koesel-koeln.de
Breites Angebot an Köln-Literatur.

Kunstbuchhandlung Walther König ➜ F8
Ehrenstr. 4, nahe Neumarkt
✆ (02 21) 205 96-0, www.buchhandlung-walther-koenig.de
International führende Kunstbuchhandlung; modernes Antiquariat. Dependance im Museum Ludwig.

Buchhandlung Klaus Bittner ➜ F8
Albertusstr. 6, nahe Rudolfplatz
✆ (02 21) 257 48 70
www.bittner-buch.de
Kölns Fachbuchhandlung für deutsche und internationale Literatur, Lyrik, Theater, Tanz, Film, Judaica und Geisteswissenschaften.

Gleumes ➜ G7
Hohenstaufenring 47, Innenstadt
✆ (02 21) 21 15 50
www.landkartenhaus-gleumes.de
Riesige Auswahl an Landkarten, Wanderkarten, geologischen Karten, Reiseführern, Globen, etc.

Globetrotter Ausrüstung ➜ F8
Richmodstr. 10, Olivandenhof, Innenstadt
✆ (02 21) 27 72 88-0
www.globetrotter.de
Mo–Do 10–20, Fr/Sa 10–21 Uhr
Megastore für Outdoor-Equipment mit diversen Erlebniswelten von der Kältekammer, in der man Schlafsäcke testen kann, über ein Schwimm- und Tauchbecken im Untergeschoss, Kletterwand, eine »Teststrecke« für Wanderschuhe u. v. m …

Honig Müngersdorff ➜ G9
An St. Agatha 37, Innenstadt, neben dem Kaufhof
✆ (02 21) 92 59 05-0
www.honig-muengersdorff.de

Eistüten-Skulptur von Claes Oldenburg und Coosje van Bruggen auf der Neumarkt-Galerie

DIE Kölner Adresse in Sachen Honig. Ungezählte Sorten und ein breites Sortiment an Honigwein, Bonbons, Likör, Pflegeprodukten, Kerzen und jeglichem Imkereibedarf führt der Familienbetrieb.

Gummi Grün ➜ F8
Richmodstr. 3, nahe Neumarkt
✆ (02 21) 25 30 46
www.gummi-gruen.de
Mo–Fr 9–18.30, Sa 9.30–16 Uhr
Gegründet 1884. Führt Schläuche, Matten, Badmützen, Handschuhe, Stopfen, Dichtungsringe, Wärmflaschen, Planen, Profile, Einmachgummis und Stiefel bis Größe 52 – natürlich alles aus Gummi.

Manufactum-Warenhaus im Disch-Haus ➜ F9
Brückenstr. 23, Innenstadt
✆ (02 21) 29 94 23 23
Mo–Fr 10–19, Sa 10–18 Uhr
Haushaltswaren, Möbel, Bekleidung, Bürobedarf, Lebensmittel, Spielwaren, Gartenzubehör, Medizin und Kosmetik, überwiegend aus traditioneller Fertigung. Hohe Qualität und klassisches Design. ∎

Erleben & Genießen

Mit Kindern in der Stadt

Wer wissen möchte, was in Köln für die Kleinen los ist, informiert sich beim **Äktschen-Telefon**, ✆ (02 21) 255 55 oder unter www.koeln.kinder-stadt.de.

Die Kölner Museen bieten spezielle Kinderführungen und Veranstaltungen an (Infos beim **Museumsdienst Köln**, ✆ (02 21) 221-234 68. Zwei Museen sind für Kinder besonders spannend: das **Schokoladenmuseum** und das **Deutsche Sport- und Olympia-Museum**. Highlights sind natürlich **Zoo und Aquarium** oder auch das **Odysseum** (vgl. S. 31) in Kalk.

Für Wasserspaß sorgen **Aqualand** oder **Agrippabad**. Weitere Schwimmbäder unter www.koelnbaeder.de, und Spielplätze findet man hier www.spielplatztreff.de/spielplaetze/köln.

Einen ganzen Tag Zeit nehmen sollte man sich für den Besuch des **Phantasialands** in Brühl. Der große Freizeitpark gehört zu den beliebtesten Deutschlands und bietet neben zahlreichen Fahrgeschäften und Shows auch Spielplätze.

AbenteuerHallenKALK ➜ aB3
Christian-Sünner-Straße, Kalk
U-Bahn 1, 9 bis Kalk Kapelle
✆ (02 21) 880 84 08
www.abenteuer-halle.de
Mo–Sa 15–22, So 15–20 Uhr,
Tagesticket € 3,50
Eine umgebaute 1000 m² große und 11 m hohe ehemalige Fabrikhalle mit Cafeteria, Kletterwand sowie Angeboten für Basketball, Streetball, Inline-Skating und Streetsoccer und großem Bike & Skatepark.

Eine Attraktion für Kinder und Erwachsene: Aus dem Schokoladenbrunnen im Schokoladenmuseum fließt süße Schokolade

Aqualand ➜ aA2
Merianstr. 1, am Fühlinger See
U-Bahn 19 Richtung Buchheim oder Bus 120, 121 Richtung Roggendorf bis Merianstraße
✆ (02 21) 70 28-0
www.aqualand.de , Mo–Do 9.30–23, Fr/Sa 9.30–24, So 9–23 Uhr
Tageskarte ab € 15,90, Kinder ab € 5, weitere Tarife erfragen
Lagunenlandschaft über eine Fläche von 2000 m² mit Heißwassergrotte, Whirlpools, Röhrenrutschen und mehr.

Duftmuseum – Kostümführung für Kinder ➜ F9
Farina-Haus Obenmarspforten 21, Altstadt
✆ (02 21) 399 89 94, So 14 Uhr, nur mit Anmeldung, Kosten € 9/7, Kinder (6–14 Jahre) € 4,50
Johann Maria Farina, ein Schauspieler im Rokoko-Kostüm, begleitet die Besucher höchstpersönlich durch die Welt des Duftes und führt sie in die Geheimnisse und die Geschichte des weltberühmten Eau de Cologne ein.

Finkens Garten ➜ aC3
Friedrich-Ebert-Str. 49, Rodenkirchen
Linie 16 bis Rodenkirchen und Bus 131 bis Römer-/Konrad-Adenauer-Straße

Mit Kindern in der Stadt

✆ (02 21) 285 73 64 (8–9 Uhr)
Ganzjährig Sa/So/Fei 9–18 Uhr
Der Naturerlebnisgarten für Kinder liegt neben dem Forstbotanischen Garten in Rodenkirchen und gibt Gelegenheit, durch Beobachten, Entdecken, Riechen, Schmecken und Tasten Natur hautnah zu erfahren. Die 5 ha große Anlage ist in Themenfelder gegliedert und stellt Obstsorten und Obstanbau, heimische Wildgehölze, Pilze und das Thema Bienenzucht vor. Darüber hinaus ist der Garten Lebensraum für 130 Vogel-, 74 Zikaden-, 447 Käfer- und 148 Schmetterlingsarten.

Kleinbahn im Rheinpark ➔ D/E11
Zwischen Tanzbrunnen und Zoobrücke
✆ (02 21) 430 15 02
www.kleinbahn-im-rheinpark-koeln.de
Mitte März–Ende Okt. Mo–Fr 11–18, So/Fei 10–19 Uhr
Rundfahrt (2 km Strecke) € 2,50, Mittwoch Kindertag € 1,50
Fahrkarten beim Lokführer oder am Fahrkartenschalter (Bahnhof Tanzbrunnen).

KletterFABRIK Köln ➔ D4
Lichtstr. 25, Ehrenfeld
U-Bahn 3, 4, 13 bis Venloer Straße/Gürtel, S 12 bis Ehrenfelder Bahnhof. Von beiden Haltestellen etwa 6 Min. Fußweg
✆ (02 21) 502 99 91
www.kletterfabrik-koeln.de
Mo–Fr 10–23, Sa/So 10–21.30 Uhr
Eintritt je nach Uhrzeit € 5–10,50
Bouldern, Kinderklettern, über 900 m² Kletterfläche.

Bump Boat Beach ➔ D8
Weiher im MediaPark, Innenstadt
✆ (0160) 90 12 17 08
www.bumper-boat-beach.de
Nur im Sommer Mo–Fr 15–20, Sa/So 12–20 Uhr, 10 Min. € 5, Mindestalter 6 Jahre
Wie Autoscooterfahren auf dem Wasser: batteriebetriebene Boote mit 2-PS-Motor mit Wasserspritze – nur bei schönem Wetter.

Tretbootfahren im Volksgarten
➔ J8
Volksgartenstr. 27, Südstadt
12–21 Uhr, 30 Min. € 3,50
Auf dem 5,5 ha großen See im Volksgarten ist Selbertreten angesagt. Spielplatz mit Klettergerüsten, Kletterseilen, großen und kleinen Sandkästen und jeder Menge Schaukeln.

Okidoki-Kinderland-Köln ➔ aB4
Hansestr. 74–76, Köln-Gremberghoven
S 13/RB 25 bis Frankfurter Straße, dann Bus 151 bis Welserstraße, das Okidoki liegt 100 m weiter links
✆ (022 03) 101 19 03
www.okidoki-koeln.de
Mo–Fr 14–19, Sa/So 10–19, Feiertage und NRW-Ferien 10–19 Uhr
Für Kinder von 0–16 Jahren, aus hygienischen Gründen besteht Sockenpflicht!
Bis 2 Jahre € 2,50, ab 17 Uhr € 1,50, bis 18 Jahre € 7, ab 17 Uhr € 4, Erw. € 3,50, ab 17 Uhr € 2
Indoorspielplatz mit Hüpfburgen, einer Rollenrutsche, Kicker, Billard, Kletterleuchtturm, Go-Karts, Trampolin, großem Feld zum Fußball spielen, Kinderlerncomputer u.v.m.

Minigolf Müngersdorf ➔ F1/2
Aachener Str. 703, nahe Rhein-EnergieStadion
U-Bahn 1 bis Alter Militärring
✆ (02 21) 510 95 93

Ponyreiten im Stadtwald Köln
➔ H3
Kitschburger Straße, Lindenthal
✆ (024 21) 96 24 82, www.ponyreiten.de
Sa 13–18, So 11–18, € 2,50 pro Runde
U-Bahn 7, 13 bis Dürener Straße/Lindenthalgürtel
1895 als Volkspark angelegt, um den Städtern Frischluftbäder, sportliche Betätigung und Na-

Erleben & Genießen

Spritzige Abenteuerfahrt – mit der Wildwasserbahn durchs Brühler Phantasialand

turerlebnis zu ermöglichen. Der Stadtwald gehört zum Äußeren Grüngürtel und zieht sich von der Fürst-Pückler-Straße bis weit hinter den Militärring hin. Er reicht bis zum RheinEnergieStadion und bietet Spielplätze, weitläufige Wiesenflächen, Weiher und Wildgehege, Waldstücke und Baumgruppen, Inseln und Kanäle.

Kinder können auf freundlichen Ponys durch den Stadtwald reiten. Nicht bei Sturm und Regen. Ein Highlight ist der **Streichelzoo** (www.lindenthaler-tierpark.de), der tägl. 9 Uhr bis zum Anbruch der Dunkelheit geöffnet ist und keinen Eintritt kostet.

Zoo und Aquarium ➜ B/C11
Riehler Str. 173, Riehl
U-Bahn 18 bis Zoo/Flora
✆ 018 05-28 01 01
www.zoo-koeln.de
Tägl. im Sommer 9–18, im Winter 9–17 Uhr
Aquarium tägl. 9–18 Uhr
Eintritt € 14/9, Kinder 4–14 Jahre € 7, Kinder bis 4 Jahre frei, Mo € 10,50, Kinder 4–14 Jahre € 5
1860 gegründet; einer der ältesten und größten zoologischen Gärten Deutschlands. In ihm leben über 10 000 Tiere aus über 700 Tierarten. Besonders schön: die Raubtiergehege, das gitterlose Eulenhaus, das neue Elefantenhaus und das Hippodrom.

Phantasialand ➜ aD2
Berggeiststr. 31–41, Brühl
U-Bahn 18 bis Brühl-Mitte, ab dort verkehren Shuttlebusse
✆ 018 05-36 66 00
www.phantasialand.de
April–Nov. tägl. 9–18, Nov.–Jan. einige Tage 11–20 Uhr (s. Website!), Feb./März geschl.
Tageskarte € 37,50, Kinder 4–12 Jahre € 17, weitere Tarife erfragen
Seit über 40 Jahren existierender Freizeitpark, der keine Wünsche offenlässt. Themenwelten: China Town, Fantasy, Alt-Berlin, Afrika, Mexiko.

Le Mans Karting ➜ aB2
Köhlstr. 37, Ossendorf
U-Bahn 5 bis Ossendorf, 400 m Fußweg
✆ (02 21) 595 23 02
www.le-mans-karting.de
Mo–Sa 12–22, So 10–22 Uhr, 8 Min. Training € 8
Jugendtraining ab 7 Jahre So 10–14 Uhr, 8 Min. Training € 6,50
25- und 50-Runden-Rennen (ca. 30 bzw. 45 Min. € 30 bzw. € 40
Die Kartbahn bietet Indoor-Fahrspaß für die ganze Familie. ■

Erholung und Sport

Köln hat eine ruhige Seite. Weite Grünzüge und kleine Parks laden zum Entspannen ein. Wir verdanken ein Großteil des städtischen Grüns Fritz Schumacher. Nach Aufgabe des Äußeren und des Inneren Festungsgürtels (Fort X mit Rosengarten, vgl. S. 42 f.) entwarf er 1920–23 den Plan zu einem gesamtstädtischen Grünsystem. Mit Bäumen, Wiesen und Weihern entstanden so auf sieben Kilometern Länge der Innere und der Äußere Grüngürtel. Die Forts wurden im Rahmen der Umgestaltungsmaßnahmen integriert. Die Grundidee, das Festungsgelände in Wald- und Parkzonen, Spielwiesen und Sportflächen umzuwidmen, wurde später auch auf der rechten Rheinseite umgesetzt. Die Hügel sind nicht selten begrünte Weltkriegstrümmer. Ruhe und Wellness findet man aber natürlich auch in Bädern, Thermen, Spas und Saunen.

Beethovenpark ➡ K/L4/5
Neuenhöfer Allee/Berrenrather Straße, Sülz
U-Bahn 13 bis Berrenrather Straße/Gürtel
Der ruhige Park, zu dem auch der Kahnweiher und der Decksteiner Weiher gehören, die mit Ruderbooten befahren werden, ist 1926 mit dem Äußeren Grüngürtel entstanden und zeigt schönen alten Baumbestand.

Flora und Botanischer Garten ➡ B/C10/11
Amsterdamer Str. 34
U-Bahn 18 bis Zoo/Flora
℡ (02 21) 56 08 90, Garten 8 Uhr bis Eintritt der Dunkelheit, Gewächshäuser Okt.–März 10–16, April–Sept. 10–18 Uhr
Öffentliche Führungen: 1. So im Monat 11 Uhr, Treffpunkt Tropischer Hof, Eintritt frei
1862–64 entstand der vielleicht schönste Park der Stadt nach Entwürfen von Peter Joseph Lenné. In der Großgartenanlage sind unterschiedliche Stile vereint. Der Botanische Garten wurde 1914 der Flora angeschlossen und bildet heute mit ihr eine Einheit. Im Freien und in verschiedenen Gewächshäusern kann man mehr als 10 000 Pflanzenarten entdecken.

Mit einem eleganten Veranstaltungssaal mit Gastronomiebetrieb.

Stadtgarten ➡ E7
Venloer/Spichernstraße, Innenstadt, Nähe Bahnhof West
U-Bahn 3, 4, 5, 12, 15 bis Friesenplatz
Klein, aber zentral: 1832 angelegt zählt dieser Landschaftspark zu den ältesten Grünanlagen der Stadt. Das Stadtgarten Restaurant mit Konzertraum und Kellerbar und der Biergarten, der im Advent als Weihnachtsmarkt genutzt wird, sind zu jeder Jahreszeit einen Besuch wert.

Stadtwald
Vgl. Mit Kindern in der Stadt, S. 71 f.

Volksgarten ➡ J8
Zwischen Eifel- und Vorgebirgstraße, Südstadt
U-Bahn 12 bis Eifelplatz
Grünanlage, die mit der Neustadtanlage 1887–89 entstand und im Sommer von Familien, Studenten und Grillrunden überquillt. Mit Weiher, Tretbootverleih, Biergarten.

Haupthaus der Flora im Botanischen Garten

Erleben & Genießen

Claudius Therme → D11
Sachsenbergstr. 1, im Rheinpark
www.claudius-therme.de
Tägl. 9–24 Uhr
Eintritt € 14,50–29,50
Die Heilwasserbäder der Claudius Therme sind nach römischem Vorbild errichtet und laden zum Verweilen ein. Besonderheit: Ein Pool mit Unterwassermusik, Farben- und Lichtspiel.

Hamam im Höhenbergbad → aB3
Schwarzburger Str. 4, Höhenberg
U-Bahn 1 bis Fuldaer Straße, Buslinie 153
℡ (02 21) 27 91 81-0
Mo–Fr 10–22, Sa/So/Fei 9–21 Uhr
2 Std. € 12, Tageskarte € 15, Kinder bis 4 Jahre € 5
Ein klassischer Hamam macht osmanische Badekultur erlebbar. Mi mit traditioneller Waschung und/oder warmer Ölung (Kosten nach Dauer). Neben dem Türkischen Bad gehören Dampfbad, Finnische Aufguss-Sauna, Schwalldusche, Eisbrunnen und Kalttauchbecken zur Saunalandschaft.

Martinsbad → F10
Lintgasse 10–12, Altstadt
℡ (02 21) 257 77 96
www.beautypoint-koeln.de
Mo–Fr 10–21, So 11–18 Uhr
Thermalbad 2 Std. € 12, Sauna (4 Std.) € 15, Tageskarte € 24
Ruhe, Entspannung, Erholung im 10 x 20 m großen Thermalbad mit Quellwasser aus dem hauseigenen Brunnen. Temperiert auf 32 °C und angereichert mit Meersalz wird Schwimmen zu Schweben im Wasser. Auch Sauna, Dampfbad und Massage.

Mediterana → aB4
Saaler Mühle 1, Bergisch Gladbach, U-Bahn 1 bis Frankenforst, 5 Min. Fußweg
℡ (022 04) 202-0
www.mediterana.de
Tägl. 9–24 Uhr
Mo–Fr 2 Std. € 21,50, 4 Std. € 26,50, Tageskarte € 34,50
Sa/So/Fei 2 Std. € 23,50, 4 Std. € 28,50, Tageskarte € 37,50
Europas schönste Sauna: Prächtige indisch-arabische Urlaubslandschaft, Thermal- und Vitalquellen und 14 Saunakreationen mit individuellem Ambiente.

Health Club im Savoy Hotel → E9
Turiner Str. 9, Altstadt-Nord
℡ (02 21) 162 30
www.savoy-koeln.de
Tägl. 10–23 Uhr, Preise auf Anfrage
650 m² große Luxuswellnesslandschaft mit Whirlpool, Finnischer Sauna mit Aquaviva, Dampfbad, Aromabad und eine Felsengrotte mit Erlebnisduschen, die von tropischem Wasserfall bis zu polarem Eisregen einstellbar sind. Highlight: das Pflegezeremoniell im Rasulbad mit dem märchenhaften Charme aus 1001 Nacht.

Mit spektakulärem Domblick: »Cologne Beach Club km 689« direkt am Deutzer Rheinufer

Erholung und Sport

Samudra Floating & Massage-Center ➡ F7
Brabanter Str. 4, Innenstadt
✆ (02 21) 250 99 49
www.samudra.de
Tägl. 10–22 Uhr, Floating € 50/60 Min., € 70/90 Min., Massage € 70/60 Min., € 95/90 Min.
Ruhe und Entspannung in schallisolierten Floating-Tanks in körperwarmem (35,50 °C), hautpflegendem Salzwasser; diverse Therapien (Aroma, Shiatsu, Reiki, Ayurveda...) und ein breites Massageangebot.

Km 689 Cologne Beach Club
➡ E10/11
Rheinparkweg 1, Deutz
✆(02 21) 65 00 43-0
www.km689.de
Bei schönem Wetter tägl. 12–1 Uhr, Mindestverzehr € 4
1500 m² zum Liegen und Bräunen. Publikum: hippe, junge Cocktailtrinker/innen, kein Club für Familien mit Kindern.

Kölner Fahrradverleih ➡ F10
Markmannsgasse, neben der Deutzer Brücke
✆ (02 21) 72 36 27, Reservierung (0171) 629 87 96
www.koelnerfahrradverleih.de
April–Ende Okt. tägl. 10–18 Uhr, 1 Std. € 2, 3 Std. € 5, pro Tag € 10
Rund 50 moderne City-Räder mit 5-/7-Gang-Nabenschaltung und Rücktrittbremse werden stunden- oder tageweise ausgeliehen.

Call a Bike ➡ E10
DB Rent Breslauer Platz, Hauptbahnhof
✆ 07000 522 55 22
www.callabike-interaktiv.de/
Pro Minute 8 Cent, 9 € Tagespauschale – Vergünstigung für Bahncard-Inhaber
Ein fester Standort liegt hinter dem Kölner Hauptbahnhof. Viele Räder sind aber auch in der Stadt verteilt. Nach telefonischer Anmeldung lassen sie sich bequem

»Gestatten, Hennes«, Maskottchen des 1. FC Köln

via Handy freischalten. Wenn Sie ein freies (Schloss blinkt grün) Mietrad sehen und damit fahren möchten, rufen Sie die rot umrandete Telefonnummer auf dem Schlossdeckel an. Sie erhalten einen 4-stelligen Code, mit dem Sie das Schloss öffnen können.

RheinEnergieStadion ➡ C1
Aachener Str. 999
U-Bahn 1 bis RheinEnergieStadion
✆ (02 21) 716 16-150
www.koelnersportstaetten.de
Stadionführungen Anmeldung ✆ (02 21) 716 16-104, Sa 14, bei Heimspielen des FC So 14 Uhr, € 8/5 Kinder, Familien € 18
1923 wurde die rund 55 ha umfassende Sportanlage als Müngersdorfer Stadion durch Konrad Adenauer – damals Oberbürgermeister von Köln – eröffnet. 1975 folgte ein Neubau an gleicher Stelle. 2004 löste das von Gerkan, Marg und Partner, Hamburg, errichtete moderne Stadion den Vorgängerbau ab. Im Stadion waren schon die Rolling Stones, Robbie Williams, Herbert Grönemeyer und der Papst zu Gast. Hauptmieter des Flaggschiffs der Kölner Sportstätten ist der Kölner FC, der hier seine Heimstatt hat. ∎

Chronik

Daten zur Stadtgeschichte

Um 38 v. Chr. Die Römer gründen unter ihrem Feldherrn Agrippa, dem Freund und Schwiegersohn von Kaiser Augustus, Statthalter in Gallien, für die germanischen Ubier am linken Rheinufer die Siedlung Oppidum Ubiorum.

50 n. Chr. Agrippina, 15 n.Chr. in der Ubiersiedlung geboren, Enkelin des Agrippa und Gemahlin des Kaisers Claudius, erreicht, dass Köln Stadtrechte und einen neuen Namen bekommt. Dieser umfasst eine kurze Siedlungsgeschichte: *Colonia Claudia Ara Agrippinensium* (CCAA), »die Stadt, die unter Claudius am Platz der ARA auf Wunsch der Agrippina gegründet wurde«. Veteranen, pensionierte Soldaten der am Rhein stationierten Legionen mit ihren Familien, Kunsthandwerker und Händler ließen sich in der Colonia nieder.

Marmorporträt der Vipsania Agrippina, Mutter Julia Agrippinas, der Stadtgründerin Kölns

50–70 Die CCAA erhält eine etwa vier Kilometer lange Stadtmauer mit neun Toren und 21 Türmen. Ihre Hauptstraßenachsen sind heute in der Kölner City bestimmend: Der Cardo Maximus parallel zum Rhein in Nord-Süd-Richtung ist die Hohe Straße, der Decumanus Maximus vom Rhein nach Westen die Schildergasse.

Um 90 Köln wird Hauptstadt der römischen Provinz Niedergermanien, der Statthalter residiert im Praetorium.

310 Zur Sicherung der Grenze lässt Konstantin eine feste Rheinbrücke errichten, der rechtsrheinische Brückenkopf ist das Deutzer Kastell.

313/314 An der Stelle des heutigen Doms gibt es eine christliche Kirche; der erste erwähnte Bischof ist Maternus.

401 Die römischen Legionen werden von der Rheingrenze abberufen, Köln gerät unter die Herrschaft der Franken.

Vor 787 Hildebold, Vertrauter Karls des Großen, wird erster Erzbischof von Köln.

925 Köln kommt zum Ostreich, dem Vorläufer des Heiligen Römischen Reiches Deutscher Nation.

Der Dreikönigenschrein mit den Gebeinen der Heiligen Drei Könige im Chor des Kölner Doms

953 Bruno, der jüngste Bruder von Kaiser Otto I., wird Erzbischof von Köln und gleichzeitig Herzog von Lothringen – damit sind erstmals geistliche und weltliche Macht vereint. Im Zusammenhang mit der ersten

Daten zur Stadtgeschichte

Der alte, karolingische Dom, Nachzeichnung aus dem Hillinus Codex der Kölner Dombibliothek

	Stadterweiterung gründet er die Kirche Groß St. Martin und lässt zwei Seitenschiffe an den Alten Dom (870) anbauen.
1049	Kaiser Heinrich III. und Papst Leo IX. besuchen Köln, seitdem gab es im Kölner Domstift ständige Vertreter des Papstes und des Kaisers.
1106	Zweite Stadterweiterung: In einem weiten Halbkreis umschließt die fünfeinhalb Kilometer lange Mauer die Stadt.
1164	Rainald von Dassel, Erzbischof von Köln und Reichskanzler für Italien, bringt die Reliquien der Heiligen Drei Könige von Mailand nach Köln. Sie werden im dafür geschaffenen und im Alten Dom aufgestellten Dreikönigenschrein aufbewahrt.
Ab 1180	Dritte Stadterweiterung und Entstehung der acht Kilometer langen, mit zwölf Stadttoren versehenen mittelalterlichen Stadtmauer.
1248	Der Grundstein zum gotischen Neubau des Kölner Doms wird gelegt.
1259	Erzbischof Konrad von Hochstaden verleiht Köln das Stapelprivileg. Aus Gründen der Befahrbarkeit des Rheins mussten in Köln die Schiffstypen gewechselt werden. Mit dem Umladen der Güter, die vor Ort gestapelt wurden, wurde den Kölnern ein Vorkaufsrecht eingeräumt.

Ansicht von Köln auf einem Kupferstich von Georg Braun und Frans Hogenberg (Köln, um 1575)

Chronik

1288	In der Schlacht bei Worringen erkämpft sich die Kölner Bürgerschaft gegenüber dem Erzbischof die Unabhängigkeit.
1349	In Köln herrscht die Pest und die Juden werden für die Seuche verantwortlich gemacht.
1388	Gründung der ersten bürgerlichen Universität Deutschlands.
1396	Der »Verbundbrief«, die neue Kölner Verfassung, tritt in Kraft. Damit übernehmen die Gaffeln und Zünfte die Macht.
1475	Köln wird de jure Freie Reichsstadt.
1560	Die Bautätigkeit am Dom wird eingestellt.
1632	Während des Dreißigjährigen Krieges besetzen die Schweden Deutz.
1686	Der Kaufmann Nikolaus Gülich wird enthauptet, nachdem er zunächst Missstände im Rat aufgedeckt, aber dann selbst seine Macht missbraucht hatte.
1794	Die französische Besatzung bringt das Ende der Freien Reichsstadt und des Erzbistums Köln.
1802	Alle Stifte und Klöster, soweit sie nicht dem Unterricht oder der Krankenpflege dienen, werden säkularisiert, viele Kirchen geschlossen oder abgerissen. Gleichzeitig wird den Kölner Bürgern die freie Religionsausübung garantiert.
1814/15	Die Franzosen verlassen Köln; auf dem Wiener Kongress werden Köln und das Rheinland Preußen zugeschlagen.
1821	Das Kölner Erzbistum wird wiedereingerichtet.
1831	Dampfschiffe auf dem Rhein machen ein Umladen der Güter unnötig. Das Stapelrecht erlischt.
1842	König Friedrich Wilhelm IV. von Preußen legt den Grundstein zum Weiterbau des Doms.
1863	Die »Festung Cöln« wird fertiggestellt und ist mit 42,5 Kilometern Umfang und 182 Bauteilen die größte Festungsanlage im Deutschen Reich.
1880	In Anwesenheit von Kaiser Wilhelm I. beginnen dreitägige Feiern zur Vollendung des Doms.
1881	Der vierten Stadterweiterung fällt bis auf wenige Reste die mittelalterliche Stadtmauer zum Opfer. Die Errichtung der Kölner Neustadt beginnt.
1917	Konrad Adenauer wird Oberbürgermeister von Köln. Während seiner Amtszeit werden die Universität neu gegründet, der Innere und Äußere Grüngürtel angelegt und die Messe eröffnet.

Der Kölner Dom inmitten eines Meers von Ruinen und Verwüstung (1945)

Daten zur Stadtgeschichte

Als nicht-figurativer Entwurf nicht katholisch genug? Gerhard Richters Fenster (2007) im Südquerhaus des Kölner Doms

1933–45	Unter den Nazis muss Adenauer als Oberbürgermeister zurücktreten. Deportationen jüdischer Bürger erfolgen seit 1941 vom Bahnhof Deutz-Tief. 1942 wird auf dem Messegelände ein KZ eingerichtet.
1945	Am 6. März besetzen amerikanische Truppen das linksrheinische Köln. Etwa 90 Prozent der Altstadt sind zerstört.
1963	US-Präsident John F. Kennedy wird am 23. Juni begeistert empfangen.
1972	Eröffnung des wiederhergestellten historischen Rathauses. Heinrich Böll erhält den Literaturnobelpreis.
1986	Wallraf-Richartz-Museum/Museum Ludwig und die Philharmonie werden eröffnet.
1980er	Auf dem Gelände des ehemaligen Güterbahnhofs Gereon entsteht der MediaPark.
1998	750-jähriges Domjubiläum.
1999	Treffen der G-8-Außenminister und Weltwirtschaftsgipfel im Juni. 75 Jahre Kölnmesse. Die Sporthalle wird gesprengt.
2000	Die lit.COLOGNE findet erstmalig statt.
2001	Einweihung des neuen Wallraf-Richartz-Museums – Fondation Corboud.
2003	An der Stelle des Müngersdorfer Stadions steht jetzt der Neubau des RheinEnergieStadions.
2005	Den 20. Weltjugendtag in Köln besuchen eine Million Gäste.
2007	Das von Gerhard Richter entworfene Fenster für das Südquerhaus des Kölner Doms wird im August eingeweiht.
2008	Der Stadtrat stimmt dem Bau einer Zentralmoschee zu.
2009	Im Zuge des U-Bahn-Ausbaus stürzen am 3. März drei Gebäude in der Südstadt ein, darunter auch das Historische Stadtarchiv. Jürgen Roters (SPD) löst Fritz Schramma (CDU) als Oberbürgermeister ab.
2010	Die Einwohnerzahl übersteigt die Millionengrenze. Das neue Rautenstrauch-Joest-Museum – Kulturen der Welt, jetzt Teil des Kulturquartiers am Neumarkt, eröffnet im Oktober.
2011	Das Schauspiel Köln wird zum zweiten Mal in Folge zum »Theater des Jahres« und Elfriede Jelineks Stück »Das Werk/Im Bus/Ein Sturz« zur besten Inszenierung des Jahres gewählt. ■

Service von A–Z

Köln in Zahlen und Fakten	80
Anreise	81
Auskunft	82
Feste, Veranstaltungen, Messen	83
Hinweise für Menschen mit Behinderungen	86
Notfälle, wichtige Rufnummern	86
Presse	86
Sightseeing, Touren	86
Sprachhilfen für die kölsche Mundart	89
Verkehrsmittel	91

Köln in Zahlen und Fakten

Alter: über 2000 Jahre
Lage:
Breitengrad: 50.9423446655
Längengrad: 6.93487167358
Einwohner: 1 000 298 (Mai 2010), größte Stadt in NRW, viertgrößte Stadt der Bundesrepublik
Ausländeranteil: 16,9 % (Stand 2007), davon sind rund 64 000 Personen türkischstämmig, 18 500 stammen aus Italien
Nationen insgesamt: 184
Besucher: über 2 Mio. jährlich
Fläche: 40 514 ha; 23,3 % Erholungsflächen, 38 % Natur und Landschaft (Feld, Wald, Wiese, Grünstreifen etc.)
Höchste natürliche Erhebung: Königsforst 118 m
Höchste Bauwerke: Colonius Fernmeldeturm 243 m, Kölner Dom 157 m, Axa-Hochhaus 155 m, MediaPark KölnTurm 148 m, KölnTriangle 103 m
Stadtteile: 86, Stadtbezirke: 9
Brücken: 8
Zeitungen: 4 Tageszeitungen, 3 Stadtmagazine
Sender: 10 Rundfunk- und Fernsehsender (WDR, Phoenix, BFBS, DeutschlandRadio, RTL, Radio Köln, VOX, Radio RPR, n-tv, Kanal 4)
Kirchen: 247 (165 kath., 82 ev.)
Galerien: über 100
Museen: 36 mit 1,9 Mill. Besuchern jährlich
Ausländische Kulturinstitute: 10
Übernachten: 26 000 Betten in über 250 Hotels
Restaurants und Kneipen: etwa 2100
Kölsch-Marken: 23
Gesamtausstoß an Kölsch im Jahr: rund 3 Mio. Hektoliter
Studenten: 69 000 Studenten an 8 verschiedenen Hochschulen; davon über 40 000 an der 1388 gegründeten Albertus-Magnus-Universität.

Die Kulisse der Altstadt: Groß St. Martin, Stapelhaus, Rathausturm, Museum Ludwig und Philharmonie, Dom

Anreise

Der Heimatdichter Willi Ostermann schrieb zwar das rührselige Lied vom heimwehgeplagten Kölner, der am liebsten zu Fuß wieder nach Hause gehen möchte – »...ich möch ze Foß no Kölle jonn« –, aber de facto steuern auch die hartgesottensten Lokalpatrioten Köln mit flotteren Verkehrsmitteln an.

Mit der Bahn

Täglich bringt die Deutsche Bahn rund 150 000 Reisende in den neben dem Dom gelegenen, modernisierten **Kölner Hauptbahnhof** ➜ E9, in dem weitere Zugverbindungen und Direktanschlüsse an das internationale Reisezugnetz rund um die Uhr zur Verfügung stehen. Autoreisezüge halten in Köln-Deutz. Während der Messezeiten verkehren Züge zwischen dem Hauptbahnhof und Köln-Deutz.

Mit dem Auto

Über den **Kölner Autobahnring** gelangen Autofahrer in alle Stadtteile und ins Zentrum. Seit 2008 besteht eine sogenannte »Umweltzone« in der Kölner Innenstadt, die nur mit Autos befahren werden darf, die über eine Plakette verfügen. Diese kostet einmalig € 5 und ist bei der DEKRA, den Kölner Bürgerämtern oder Kfz-Werkstätten erhältlich. Autos ohne Katalysator sowie Dieselfahrzeuge ohne Rußpartikelfilter entsprechen den Anforderungen nicht und dürfen somit die Kölner Innenstadt nicht befahren.

Es besteht die Möglichkeit, Fahrzeuge auf Park & Ride-Plätzen abzustellen. Diese grenzen an die Umweltzone und verfügen über eine gute Anbindung an den öffentlichen Personennahverkehr.

Bei Fragen rund um die Umweltzone: Umwelt- und Verbraucherschutzamt ✆ (02 21) 221-220 20.

Mit dem Flugzeug

Flugzeuge landen auf dem **Köln Bonn Airport** ➜ aC4 (www.koeln-bonn-airport.de, Infocenter ✆ 022 03-40 40 01/02), 15 km südöstlich von Köln. Seit 2005 der Airportbahnhof eröffnet wurde, verkehren alle 20 Minuten S-Bahnen Richtung Köln (S13, auch mit Halt an der Kölnmesse in Deutz) oder

Service von A–Z

Bonn, aber auch ICE- und Regionalexpresszüge halten hier. Fahrtzeit von/nach Köln bzw. Bonn: 12–14 Minuten. Die Fahrt mit dem Taxi in die Stadt nimmt etwa 20 Minuten in Anspruch und kostet ca. € 25.

Vom **Flughafen Düsseldorf** fährt zu den Messezeiten ein Bus mit der Aufschrift »Kölnmesse« vom Busbahnhof 2 ab. Von Düsseldorf Flughafen S-Bahn 7 bis Düsseldorf Hbf., dann in kurzen Abständen Nah- oder Fernverkehrszüge nach Köln.

Mit dem Schiff
Mit dem Schiff kann man auch in Köln anlegen, z.B. mit den schmucken weißen Fahrgastschiffen der »Köln-Düsseldorfer«.

Auskunft

Im Internet
www.koeln.de, www.stadt-koeln.de

KölnTourismus – Servicecenter
➔ F9
Kardinal-Höffner-Platz 1, nahe Dom, 50667 Köln
✆ (02 21) 221-304 00
Fax (02 21) 221-304 10
www.koelntourismus.de
Ganzjährig Mo–Sa 9–20, So/Fei 10–17 Uhr
Neben Hotelzimmerreservierung und Privatzimmervermittlung werden Programme zusammengestellt und Stadtführungen organisiert. Außerdem erhält man hier den **i-Guide**, einen 100-minütigen, audio-visuellen Stadtrundgang mit Kopfhörern zum Ausleihen (4 Std. € 8), und neben Infomaterial auch die **Köln WelcomeCard**, die 24-Stunden-Karte für € 9 pro Person bzw. € 19 für bis zu 5 Personen. Sie beinhaltet rund 91 Vergünstigungen bei Eintrittspreisen und beim Einkaufen, Ausgehen und bei kulturellen Aktivitäten. Zusätzlich gewährt sie freie Nutzung der öffentlichen Verkehrsmittel im Stadtgebiet.

Mit der Karte **Köln plus** für € 13 bzw. € 29 für bis zu 5 Personen hat man freie Fahrt ins Umland, mit der **Karte VRS** für € 24 bzw. € 49 im gesamten Verkehrsverbund Rhein-Sieg.

DOMFORUM ➔ F9
Domkloster 3, gegenüber dem

Funkemariechen der »Kölsche Funken rut-wieß vun 1823«

Service von A–Z

Haupteingang des Doms
℡ (02 21) 92 58 47-20
www.domforum.de, Mo–Fr 10–18.30, Sa 10–17, So 13–17 Uhr
Besucher- und Informationszentrum des Doms. Auskunft über Führungen, Infos zu Köln, Kirche und Gesellschaft. Regelmäßige Multivision über den Dom, aktuelles Kulturprogramm.

In Anlehnung an New York: Der Christopher Street Day präsentiert das ganze Spektrum der Szene

Feste, Veranstaltungen, Messen

Feste, Veranstaltungen:

Januar
PASSAGEN – Interior Design Week Köln – parallel zur Internationalen Möbelmesse stattfindende Plattform für aktuelle Wohn- und Lifestyle-Trends. Größte Designveranstaltung Deutschlands.
Februar/März
Karneval (Woche vor Aschermittwoch)
lit.COLOGNE – Mitte März stattfindendes, 10-tägiges, gigantisches internationales Literaturfest, an vielen verschiedenen Orten der Stadt (www.litcologne.de).
April
Expedition Colonia – das Stadtentdeckungsfestival. Vielfältige Palette an Stadtbegehungen und Besichtigungen mit außergewöhnlichen und oft einmaligen Einblicken in Vergangenheit, Moderne und Zukunft Kölns (www.expedition-colonia.e-tv.de).
Mai
Kölner Museumsfest – in allen städtischen und einigen anderen Museen, breit gefächerte Programme und verlängerte Öffnungszeiten. Zwischen den einzelnen Häusern verkehren Pendelbusse.
Juni/Juli
Fronleichnamsprozession des Doms – Gottesdienst 9 Uhr auf dem Roncalliplatz.
Mülheimer Gottestracht – Schiffsprozession zu Fronleichnam.
Romanischer Sommer – Musikfest in den romanischen Kirchen von Köln (www.romanischer-sommer.de).
c/o pop – urbanes Festival für elektronische Musik, Indie, Pop- und Clubkultur. Branchentreff und Musikfestival.
Juli
brückenmusik – jährliche Veranstaltung zur Klangkunst in der Deutzer Brücke. (www.brueckenmusik.de).
Christopher Street Day/Cologne Pride – in Anlehnung an die in New York stattfindende Schwulen- und Lesbenparade (www.colognepride.de).
Kölner Lichter – Schiffskonvoi und Uferfeste zwischen Porz und Mülheim, zum Abschluss ein riesiges musiksynchrones Feuerwerk am Ufer der Altstadt (2. Sa im Juli, www.koelner-lichter.de).
September
Domwallfahrt – mehrere 10 000 Gläubige gehen einen Pilgerweg zum und durch den Dom. Höhepunkt ist die Glockenvigil, bei der das große Domgeläut und alle großen Glocken der Innenstadtkirchen zusammenklingen (www.domwallfahrt.de).
Plan, Forum aktueller Architektur in Köln – eine Woche lang setzen sich an vielen Stellen in der Stadt Designer, Künstler, Planer, Architekten – mal klassisch, mal originell und verfremdend – mit der Gestaltung von Raum auseinander.

Service von A–Z

»Et kütt wi et kütt«: Köln Marathon – auch eine Art Karneval?

Oktober
Köln Marathon – teilnehmen können alle, die fit sind (www.koeln-marathon.de).
Kölner Musiknacht – Alte und Neue Musik, elektronische, Pop und Jazzmusik, klassische, experimentelle – mit 100 Konzerten wird zum 8-stündigen Musikmarathon geladen (www.koelner-musiknacht.de).
Kölner Theaternacht – bis nachts um 3 Uhr zeigen städtische und private Bühnen halbstündige Ausschnitte aus ihren Inszenierungen: Ein Ticket für 200 Vorstellungen (www.theaternacht.de).
Köln Comedy Festival – großes Comedyfestival mit Lesungen, Live-Veranstaltungen, TV-, Radioshows und Kinoprogrammen.
November
Lange Nacht der Kölner Kirchen – Die Nacht – der Raum – die Stille: Kirchenräume bis Mitternacht erleben, z. T. mit spirituellen Anregungen (www.nachtraumstille.de).
Lange Nacht der Kölner Museen – Museumsbesuch zum Sondereintrittspreis (1. Sa im Nov.) bis 3 Uhr morgens, begleitet von einer Fülle kultureller Veranstaltungen (www.museumsnacht-koeln.de).
Beginn der Karnevalssession – am 11.11. um 11.11 Uhr wird die Karnevalssession auf dem Alter Markt standesgemäß mit reichlich Musik und Kölsch eingeläutet.

Expressionistische Backsteinfassade: der denkmalgeschützte Messeturm

Messen:

Köln ist Schauplatz für über 70 internationale Messen. Infos unter: www.koelnmesse.de
Die wichtigsten sind:
imm cologne
Internationale Möbelmesse, Neuheiten aus der internationalen Möbelindustrie, Inneneinrichtungen, Accessoires, Januar
ISM Internationale Süßwarenmesse
Ende Januar/Anfang Februar
Asia-Pacific Sourcing
Produkte für Haus und Garten aus Fernost, alle zwei Jahre Ende Februar
Practical World/Internationale Eisenwarenmesse
Werkzeuge, Sicherheitstechnik und Bedarf für Bau- und Heimwerkerfachmärkte, in geraden Jahren Anfang März

Service von A–Z

Art Cologne
Internationaler Kunstmarkt, zeitgenössische Kunst, Mitte–Ende April
gamescom
Europäische Messe für interaktive Spiele und Unterhaltung, 2. Augusthälfte

spoga
Internationale Messe für Sportartikel, Campingbedarf, Gartenmöbel, Anfang September
photokina
Neuheiten aus der Foto-, Film- und Videobranche, in geraden Jahren Ende September

Alle Jahre wieder… Selbstverständlich ist Weihnachten kein regionales Ereignis, aber der Kölner feiert eben gerne und die Geburt Jesu bietet schließlich einen vorzüglichen Anlass. Letztlich wird ja auch Karneval andernorts gefeiert – halt nur nicht so wie hier.

An **Weihnachtsmärkten** kann man anscheinend nie genug haben. Es gibt ja so viele lange, dunkle Abende – was sollte man da ohne Geschenkeshopping, Grünkohl, Fischbbrötchen und Glühwein anfangen? Zwischen dem 22. November und dem 23. Dezember kann man in der weihnachtlich geschmückten Innenstadt diese Weihnachtsmärkte besuchen:

Dom/Roncalliplatz, Altstadt/Alter Markt, Neumarkt, Rudolfplatz, den schwimmenden Weihnachtsmarkt der Köln-Düsseldorfer, den Mittelalter-Weihnachtsmarkt am Schokoladenmuseum und den Weihnachtsmarkt im Stadtgarten. Zur Kombination der Besuche benutzt man am besten den Weihnachtsexpress, der mindestens vier der Märkte verbindet.

Was noch zur Einstimmung auf das Fest beiträgt, sind eine **Adventsfahrt auf dem Rhein** und der Besuch des Düxer Advent auf der Deutzer Freiheit. Weiterhin sollte man unbedingt die **Wolkenburg** besuchen, die mit Tausenden kleiner Lichter einnehmend geschmückt ist. Alljährlich gibt es auch den **Kölner Krippenweg**, eine Ausstellung von rund 100 kunsthandwerklich bedeutenden Krippen, mit denen man sich die Wartezeit vertreibt, solange die Kirchenkrippen noch nicht aufgestellt sind. Sobald das aber geschehen ist, werden die Kirchen möglichst vollständig erwandert. Die szenische Kastenkrippe in Maria Himmelfahrt, die Domkrippe selbstverständlich, die »Eine Welt«-Krippe mit Chinesen, Indios und Afrikanern in St. Andreas und die Miljöhkrippe in St. Maria Lyskirchen müssen unbedingt dabei sein, bevor sie Maria Lichtmess wieder in den Kisten verschwinden.

Etwas Zeit benötigt man außerdem, um wenigstens einen Teil der musikalischen Events mitzunehmen. Das **Adventssingen** in der Philharmonie oder im Theater am Tanzbrunnen, Aufführungen der **Kölschen Weihnacht**, rockige Weihnachten mit Brings, weihnachtliche »Leeder und Verzällcher« auf dem Schiff, den Gesang vom Weihnachtsengel (gemeint ist Ex-Bläck-Fööss-Sänger Tommy Engel) oder die Höhner-Weihnachtsshow.

Dann also zurück in die Kirche **St. Andreas**, denn dort steht im nördlichen Seitenschiff noch eine zweite Krippe, nämlich die der Bierbrauer. Da wird gerade Hopfen gezupft und im Maischböttich gerührt, man sieht Faßbinder bei der Arbeit, einen säckeschleppenden Mälzer und nicht zuletzt einen Köbes mit Kölschkranz. Und der, an dessen Geburt hier erinnert wird, liegt nicht in einem Futtertrog, sondern in einem Bierfass. Wenn das nicht Weihnachten mit Lokalkolorit ist?

Service von A–Z

Anuga
Weltmarkt der Ernährung, in ungeraden Jahren im Oktober
INTERMOT
Internationale Fahrrad- und Motorrad-Ausstellung, Oktober
Orgatec
Internationale Fachmesse für Planung, Einrichtung und Management von Businesswelten, Ende Oktober
ART.FAIR.21
Messe für aktuelle Kunst, Ende Oktober
Cologne Fine Art & Antiques
Kunst- und Antiquitätenmesse im Herbst, Mitte November
TravelTour & Trends
Ende November

Hinweise für Menschen mit Behinderungen

Behindertenfahrtendienst
Einsatzzentrale: ℭ (02 21) 88 10 77

Zentrum für selbstbestimmtes Leben ➜ J10
An der Bottmühle 2 + 15
50678 Köln
U-Bahn 15, 16 bis Ubierring
ℭ (02 21) 32 22 90
www.zsl-koeln.de
Das Zentrum hat 2002 einen Stadtführer Köln für Behinderte erarbeitet. Er ist u.a. bei KölnTourismus erhältlich.
Zusätzliche Informationen und Adressen enthält die Broschüre »Ratgeber für Behinderte«, die erhältlich ist im

Bürgerbüro ➜ F9
Laurenzplatz 4, Altstadt
ℭ (02 21) 221-260 80
buergerberatung@stadt-koeln.de
Mo, Mi 8–16, Di Do, 8–18, Fr 8–12 Uhr

Notfälle, wichtige Rufnummern

Vorwahl Köln ℭ 02 21
Allgemeiner Notruf ℭ 112
Arztrufzentrale ℭ 018 05-04 41 00
Zahnärztlicher Notdienst ℭ 018 05-98 67 00
Taxiruf ℭ (02 21) 194 10 und 28 82
Bahnauskunft ℭ 118 61, www.bahn.de
Straßen-/U-Bahn-/Bus-Auskunft
ℭ 018 03-50 40 30
Flughafeninformation Köln
ℭ (022 03) 40 40 01/02
Telefonauskunft
Inland ℭ 118 33
International ℭ 118 34
Fundbüro
Kalk-Carré, Ottmar-Pohl-Platz
ℭ (02 21) 221-263 13
Mi, Fr 8–12, Mo, Do 8–16, Di 8–18 Uhr

Presse

Tageszeitungen: *Kölnische Rundschau, Kölner Stadt-Anzeiger* (donnerstags mit der Beilage »Ticket« mit Tipps und Terminen für die kommende Woche), *Express, Bild Köln;* **Stadtmagazine** (mit Veranstaltungskalender): *Stadtrevue, Kölner Illustrierte, Prinz.*

Sightseeing, Touren

Radtouren, Schiffstouren, Bustouren mit und ohne Multimediaeinsatz, per Seilbahn, Bimmelbahn, Rikscha oder per Pedes: Stadtführungen mit allen möglichen Schwerpunkten für unterschiedlichste Zielgruppen und Ansprüche kann man bei zahlreichen Anbietern buchen. Die Bandbreite wird jedes Jahr im Frühjahr zum Stadtentdeckungsfestival **Expedition Colonia** ersichtlich (www.expedition-colonia.e-tv.de).

Besonders beliebt sind **Kostümführungen:** Stiftsdamen, Bischöfe, Römer, Nachtwächter, Ubiermädchen oder Hexen zeigen großen und kleinen Kölninteressenten ihre Stadt.

Service von A–Z

Vierzehn Asiatische Elefanten leben im neuen Kölner Elefantenpark

Bustouren:

KölnTourismus ➔ F9
Kardinal-Höffner-Platz 1, nahe Dom
℅ (02 21) 221-304 00
www.koelntourismus.de
– **Stadtrundfahrten:** Ausgangspunkt ist KölnTourismus, Dauer 1,5 Std., Abfahrt tägl. 10, 12, 14, April–Okt. zusätzlich Fr/Sa 16 Uhr, € 10, Kinder 6–14 Jahre € 5

– **VideoBustour**
Sightseeing mit Multimedia bietet ein ganz besonderes Erlebnis. Ein Stadtführer moderiert die Fahrt, der Blick aus dem Busfenster wird mit teils historischen Film-, Bild- und Tondokumenten ergänzt. 2 Std. € 22.

– **Hop-On-Hop-Off-Touren**
℅ (02 21) 979 25 70/71
Fax (02 21) 79 59 85
www.hop-on-hop-off.de
Mi–So 10.30–15.30 Uhr
Dauer 1,5 Std., Tickets ohne Ausstieg € 10, Kinder € 5; Tickets mit Ausstieg sind 24 Stunden gültig, € 15/11, Kinder 6–14 Jahre € 5; Tickets auch beim Busfahrer Stadtrundfahrt quer durch Köln, bei schönem Wetter im Cabriobus. Man kann an jeder Sehenswürdigkeit aussteigen und später mit einem nachfolgenden Bus weiterfahren.

Schiffstouren:

Dampfschiffahrt »Colonia« ➔ E10
Hohenzollernbrücke, gegenüber der Messe (Anleger und Verkaufstelle)
℅ (02 21) 257 42 25, www.dampfschiffahrt-colonia.de/index.html
Mit dem Mülheimer Böötchen für eine Stunde nach Norden und Süden oder an Bord der »Willi Ostermann« die Lichter der Stadt vom Rhein aus erleben.

Köln-Düsseldorfer Deutsche Rheinschiffahrt AG ➔ F10
Frankenwerft 35, Altstadt
℅ (02 21) 20 88 318, www.k-d.com
Hauptsaison: April–Ende Okt., Linienfahrten nach Porz, Wesseling, Bonn, Bad Godesberg bis Mainz; Familien- und Seniorenfahrten, Ereignisfahrten u.v.m.

Kölntourist Personenschiffahrt
➔ E10
Konrad-Adenauer-Ufer, Altstadt
Verkaufsbüro und Abfahrtsstelle
℅ (02 21) 12 16 00
www.koelntourist.net
Die Fahrgastschiffe »Rheinland«, »Rheinperle« und »Rheintreue« des Familienbetriebs fahren ganzjährig. Tagesausflüge, Erlebnisfahrten (Vatertagstour, Tanz in den Mai...), Panorama-Rundfahrten vom Dom nach Rodenkirchen und zurück (ca. 65 Min.).

Service von A–Z

Zu Fuß:

Verein Kölner Stadtführer
c/o Ulrike Wittmann
Herrmann-Stehr-Str. 3, 51067 Köln
✆ (02 21) 680 67 13
www.vks-aktuell.de
Veranstaltet werden kompetente Führungen durch Geschichte und Gegenwart, Museen und Kirchen.

stattreisen Köln ➜ F9
Bürgerstr. 4, Altstadt
✆ (02 21) 732 51 13
www.stattreisen-koeln.de
Kompetente und unterhaltsame Stadtführungen zu Fuß. Themen- und Stadtteilführungen, Brauhaustouren, Kinderführungen zu Sagen und Legenden.

Inside Cologne ➜ F7
Bismarckstr. 70, Köln
✆ (02 21) 52 19 77
www.insidecologne.de
Museums- und Kirchenführungen, Sagen und Märchen, Kölner Frauen, Kinderführung.

RegioColonia e.V. ➜ G9
Hohe Pforte 22, Altstadt
✆ (02 21) 9 65 45 95
www.regiocolonia.de
Museums-, Kirchen-, Themen-, Kinder und Kostümführungen.

Spurenlese – Stadtführung durch Köln ➜ B10
Nägelistr. 16, Nippes
✆ (02 21) 977 10 56
www.spurenlese.de
Umfangreiches Führungsprogramm, darunter auch ausgefallene Themen: »Köln von unten« führt in die Tiefen der Stadt, »Astrologie im Stadtbild« oder »Köln und Düsseldorf: Zwei Welten«.

Sonstige Touren:

Bimmelbahnen ➜ F9
www.bimmelbahnen.de
Hin- und Rückfahrt (45–55 Min.) € 6, Kinder bis 12 Jahre € 3,50
Einfache Fahrt (20–25 Min.) € 3,50, Kinder bis 12 Jahre € 2
Ab Haltstelle Dom/KölnTourismus halbstündig in verschiedene Richtungen Schoko-, Zoo- und Weihnachtsmarkt-Express.

Rheinseilbahn ➜ D/C10/11
Linksrheinisch: am Zoo, rechtsrheinisch: Rheinpark/Claudius-Therme
✆ (02 21) 547 41 83
www.koelner-seilbahn.de
April–Ende Okt. 10–18 Uhr
Einfache Fahrt € 4/2,40, Hin- und Rückfahrt € 6/3,50
Kölns sicherstes Verkehrsmittel wurde 1957 zur Bundesgartenschau in Betrieb genommen und verbindet die beiden Rheinseiten auf der Höhe der Zoobrücke. Mehrmals im Jahr werden auch Nachtfahrten durchgeführt.

Fahrradverleihservice
Vgl. Erholung und Sport, S. 75.

Köln-Rikscha ➜ H7
Moselstr. 68, Südstadt
✆ (02 21) 60 47 89, mobil (0163) 303 03 10, www.koeln-rikscha.de
Von € 34 an aufwärts
Mit dem Dreirad durch Köln und Umgebung. Stadtrundfahrt, Brückenfahrt, Adventsfahrt, Mondschein- und Champagnerfahrt, Shuttleservice oder einfach als Taxi von A nach B.

Segway-Touren Modern Mobility Concept ➜ A11
Riehler Tal 13, Köln
✆ (02 21) 16 87 25 11
www.momoco.de
Segway-Touren und Events in Köln – die etwas andere Art, die Stadt zu erleben, ist allerdings nur mit Führerschein möglich. Eine Schnuppertour von 75 Min. kostet € 39.

Architekturführungen mit Profil
ArchiPedes. ArchiTaxi, ArchiHeli, ArchiBoot

Service von A–Z

✆ (02 21) 469 68 25
www.archipedes-koeln.de
Mindestalter 14 Jahre
Gemeinsam mit Architekten Highlights zeitgenössischer Architektur der Stadt entdecken.

Cologne Airship Company
✆ (02 21) 97 430 66
www.koeln-ballonfahren.de
Normalpreis p.P. € 175, Gruppen und Sondertarife auf Anfrage
Abheben von diversen Startplätzen und mit Heißluftballon oder Zeppelin über Köln fliegen.

Aeronautic Team
✆ (02 21) 986 30 13
www.aeronautic.de
Normalpreis p.P. € 195, Pärchenpreis € 360, Gruppen und Sondertarife auf Anfrage
Zum Davonschweben, individuelle Fahrten per Heißluftballon.

Sprachhilfen für die kölsche Mundart

»Kölsch« ist ein Bier und eine Sprache, also in beiden Fällen mundgerecht und flüssig. Es kommt selten vor, dass Trinken und Reden, Getränk und Gespräch namentlich so unzertrennlich sind. Prompt bildet denn auch die Nähe von feuchter Kehle und spitzer Zunge die Grundlage dafür, wie man die Kölner im Besonderen und die Rheinländer im Allgemeinen einschätzt: als humoristische Zeitgenossen, die nicht auf den Mund gefallen sind. Spätestens seit Konrad Adenauers öffentlichen Reden gilt der kölnisch-rheinische Singsang, der bisweilen psalmodierende Tonfall der Region als amüsant, mitunter süffisant, aber immer als liebenswert.

Eine gewissermaßen akademische Rechtfertigung dieses Sachverhalts lieferte der Bonner Universitätsprofessor Heinrich Lützeler mit seiner nach wie vor unübertroffenen und lesenswerten »Philosophie des Kölner Humors«. Die lexikalischen Grundsteine dazu legte Adam Wrede in seinem dreibändigen Nachschlagewerk »Neuer Kölnischer Sprachschatz« – ein unerschöpfliches Füllhorn oft skurriler, durchweg aber aufschlussreicher Wortbedeutungen des Ripuarischen – wie »Kölsch« sprachwissenschaftlich korrekt heißt.

In einem City Guide wie diesem bleibt so viel Zeit und Ehre nicht. Dennoch bietet er einen Basis-Wortschatz für die Kölner Stippvisite. Es versteht sich, dass es dabei zunächst um Ausdrücke rund um die deftigen kulinarischen Kölnspezialitäten geht:

halve Hahn – eine Roggenbrötchenhälfte (*Röggelche*) mit mittelaltem Holländer
kölsche Kaviar – Roggenbrot mit Blutwurst und Zwiebeln
Hämcher – gepökelte Schweinshaxe, zu der man Sauerkraut und Kartoffelpüree isst
Himmel un Äd mit Flönz – gebra-

Die neugierige Schneiderfrau vom Heinzelmännchenbrunnen in der Kölner Altstadt (Am Hof) vertrieb einst Kölns heimliche Helferlein

Kölsche Kult-Band: Die »Bläck Fööss« feierten 2010 ihr 40-jähriges Band-Bestehen

tene Blutwurst (*Flönz*) mit einem Gemisch aus Apfelstücken (Symbol für Himmel) – und gestampften Kartoffeln (Symbol für Erde) *Rievkoche* – Kartoffelpuffer.

Die zweite Kurzlektion betrifft den Karneval, etwa dessen Hochrufe *Alaaf* und *Ajuja*, die *Bützje* (Küsse) und *Kamelle* (Bonbons), die reichlich auf den Straßen und in den Kneipen zu hören, verteilen und genießen sind. Und natürlich die *Jecken* (Narren, verrückte Leute; einer allein ist ein *Jeck*), die die »tollen Tage« bevölkern.

Die im Alltag kursierenden Schlüsselwörter sind naturgemäß zahllos und für Fremde tabu, aber was *Pänz* (Kinder) oder *Pingel* (ein hochgradig empfindlicher, kleinlicher Zeitgenosse) sind, sollte man schon wissen. Ganz zu schweigen vom Zauberwort stadtinterner Beziehungen: dem *Klüngel*. Dazu der Sprachprofessor Adam Wrede: »Für Köln, das man zeitweise als eine Hochburg des Klüngels und der Klüngelei angesehen hat, kann ich das Wort durch Belege aus dem Jahr 1782 in dem Sinn betrügerische Machenschaften nachweisen.«

Hinzu kommen eine Menge Ausdrücke von entweder lautmalerischer, exotischer oder bildreicher Qualität, von der zwar in der hochdeutschen Übersetzung nur noch ein schwacher Abglanz bleibt, deren sprachliche Ausdruckskraft aber nachempfunden werden kann.

Mitunter erfindet der kölnische Volksmund Wörter von erstaunlichem Realismus und historischer Treffsicherheit – allen voran das Nachkriegszeitwort *fringsen*, was nicht nur »Kohlen klauen« bedeutete, sondern dieses zugleich legitimierte, weil der damalige Erzbischof von Köln, Joseph Kardinal Frings, die illegale Beschaffung von Heizmaterial für die Selbstversorgung ausdrücklich rechtfertigte. Zur kurzen Kölschkunde gehört auch die Erwähnung des frankophilen Einschlags des Vokabulars. Kein Wunder, dass diese Neigung die ohnehin schon kursierende Ansicht belegt, die Kölner, ja, überhaupt die Rheinländer, seien ähnlich wie die Franzosen im Grunde arbeitsscheu, ziemlich unzuverlässig und vergnügungssüchtig.

Wie dem auch sei, Kölsch hat nie Probleme gehabt, mit Französisch gemeinsame Sache zu machen. Alltägliche Begriffe wie *Paraplü* (statt Schirm), *direktemang* (sofort, unmittelbar), *Trottewar* (statt Bürgersteig), *us der Lamäng* (mit leichter Hand) zeigen beispielhaft die rheinisch-französische Sprachfreundschaft. Beim Abschied sagt man nicht nur *Tschüs*, sondern häufig *Tschö* – ein rheinisches Adieu.

Grammatikalisch geht Kölsch ebenfalls eigene Wege: Am auffälligsten bei der Vorliebe für die Verlaufsform der Gegenwart, die zwar jeden Englischlehrer in Verzückung bringt, jedem Germanisten aber Bauchgrimmen verursacht: *Bis still, Jung, dä Pappa is am Schlafen!* Kölner sind eigentlich ständig *(jrade)* was am Machen, am Reden, sich am Amüsieren.

Auch die Zeiten purzeln am Rhein munter durcheinander. Kein Mensch sagt hier etwa: »Ich

Service von A–Z

wollte Dich anrufen.« Es heißt: »Ich wollte Dich angerufen haben.« Die Genitiv-Faulheit gehört ebenfalls zur typisch kölschen Suada: *Mingem Vatter singe Hot* (»meinem Vater sein Hut«) umschifft gefällig die Härten des komplizierten hochdeutschen Genitivs.

Kölsch, diese sprachliche Lebensart, kann niemals Exportartikel sein; deshalb wirkt sie auf Nicht-Kölner trotz der »Volksstücke« des Millowitsch-Theaters oder der Texte der »Bläck Fööss« (wörtlich: Barfüße) zwar möglicherweise sympathisch, aber im Grunde exotisch. Und selbst die überregionale Popularität kölsch singender Barden und Rockgruppen wird daran wenig ändern.

Verkehrsmittel

Kölns **Hauptverkehrsstraßen** verlaufen als Ring- und Sternstraßen. Halbkreisförmig umschließen die Stadt: Autobahnring, Militärring, Gürtel, Äußere und Innere Kanalstraße sowie die Ringe im Verlauf der mittelalterlichen Stadtmauer.

Die Ortsnamen der Sternstraßen deuten die Himmelsrichtungen an: Aachener Straße (Westen), Bonner Straße (Süden), Neusser Straße (Norden). Ein **Parkleitsystem** erleichtert den Autofahrern die Parkplatzsuche in der City. Die freien Plätze werden in den drei Hauptbereichen angezeigt: Dom/Hauptbahnhof, Neumarkt, Ringe.

Im öffentlichen Nahverkehr rollen die Busse und Bahnen der **Kölner Verkehrsbetriebe (KVB)**, www.kvb-koeln.de. Für Einzelfahrten sind die Tarife nach Entfernungen gestaffelt; 2012 kostet eine Kurzstreckenfahrt € 1,80, eine Fahrt im Stadtgebiet € 2,60, darüber hinaus gibt es weitere Tickets. Das 24-Stunden-Ticket kostet € 7,50, das Wochen- € 21,60 und das Tages-Ticket für Kleingruppen bis 5 Personen € 11,10.

Fahrscheine erhält man an Automaten an den Haltestellen und in der Bahn sowie in den Fahrgastzentren. Sie müssen in Bus und Bahn gestempelt werden.

Mit der **Köln WelcomeCard** hat man freie Nutzung der öffentlichen Verkehrsmittel im gesamten Verkehrsverbund Rhein-Sieg für die Geltungsdauer der Karte (vgl. Auskunft, S. 82).

Taxi Ruf Köln
℃ (02 21) 28 82, www.taxiruf.de
An allen größeren Plätzen und Verkehrsknotenpunkten sowie vor allen großen Hotels gibt es Halteplätze, in Außenbezirken stehen dort oft Taxirufsäulen.

Fähre Hohenzollernbrücke–Deutzer Messe ➜ E10
℃ (02 21) 38 47 38, 12 16 66
April–Okt. (zu Messezeiten tägl. 7.30–19.30 Uhr alle 5–10 Min., sonst je nach Witterung), Ticket € 1,50 (einfach), € 2,50 (hin und zurück).

Der Kölner Dom zwischen den Pylonen der Severinsbrücke

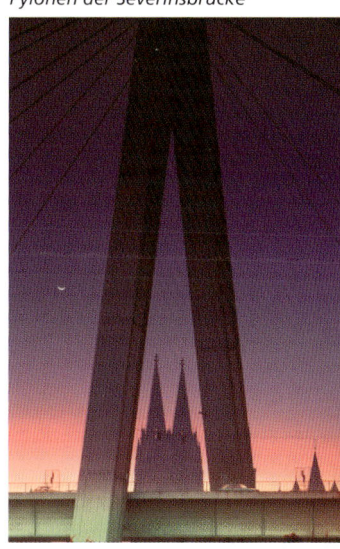

Register

Die **fetten** Seitenzahlen verweisen auf ausführliche Erwähnungen, *kursiv* gesetzte Begriffe bzw. Seitenzahlen beziehen sich auf den Service.

Aachener Straße 7, 21
Aachener Weiher 21
Adenauer, Konrad 43, 75, 78, 79
Agfa Photo-Historama 30
Altenberg 25 f.
– Altenberger Dom 25 f.
– Märchenwald 26
Alter Markt 6, 12 ff.
Altstadt 8 ff.
Anreise 81 f.
Aquarium vgl. Zoo
Archäologische Zone 14 f.
Auskunft 82 f.

Bayenturm 42
Bebel, August 24
Biergärten 59
Böhm, Gottfried 18, 38, 41 f.
Böll, Heinrich 79
Botanischer Garten 73
Brauhäuser, Kneipen 13, 14, 57 ff.
Brühl 26 f.
– Max Ernst Museum Brühl 27
– Phantasialand 72
– Schloss Augustusburg 26, 27
– Schloss Falkenlust 26, 27

Cafés, Bistros 56 f.
Claudius-Therme 25, 74
Constantin Höfe 24

Dassel, Rainald von 9, 77
Design Post Köln 42
Deutsches Sport- und Olympia-Museum 28, 46
Deutz 22 ff., 76
Deutzer Brücke 42
Deutzer Bahnhof 24 f.
Dischhaus 18
Dom 6, 9, **10**, **34 f.**, 76, 77, 78, 79
– Altar der Stadtpatrone 10
– Dreikönigsschrein 6, 10, 77
– Gerokreuz 10
– Mailänder Madonna 10
– Richterfenster 10
Domforum 82 f.
Domplatte 8
Duft-Museum im Farina-Haus 15, 28, 70

Eigelsteintorburg 46 f.
EL-DE Haus vgl. NS-Dokumentationszentrum
Erich-Klibansky-Platz 21

Fahrradverleih 75
Farina-Haus 15, 28, 70
Feste, Veranstaltungen 83 f.
Festungsgürtel 42 f.
Fischmarkt 10
Flora 73
Flughafen 81 f.

Fort X Rosengarten 7, 42 f.
Frankenwerft 10
Friesenviertel 60

Gereonsmühlenturm 46
Gülichplatz 15
Gürzenich 7, 15, 43, 65

Hahnentor 7, 21, 46
Hänneschen Theater 12, 15 f., 64
Hauptbahnhof 81
Heinrich-Böll-Platz 10
Heinzelmännchenbrunnen 43
Heilige Drei Könige 9, 10, 46 f., 77
Helenenturm 21
Heumarkt 16
Hinweise für Menschen mit Behinderungen 86
Historisches Stadtarchiv, ehem. 47, 79
Hohenzollernbrücke 43
Hohe Straße 17, 76
Hotels, Hostels 48 ff.

Jan-von-Werth-Brunnen 14
Japanisches Kulturinstitut 30
Jawne, Lern- und Gedenkort 21
Jüdisches Viertel 14

Kallendresser 13
Karneval 13 f., 17
Käthe Kollwitz Museum 21, 28
Kinos 66
Kirchen 34 ff.
– Alt St. Heribert 24
– Antoniterkirche 34
– Groß St. Martin 6, 12, 35 f., 77
– Kartäuserkirche 7, 36
– Kölner Dom vgl. Dom
– Minoritenkirche 18, 36
– Neu St. Heribert 24
– Severinskirche vgl. St. Severin
– St. Alban 15
– St. Andreas 6, **37**, 85
– St. Aposteln 6, 21, **37**
– St. Cäcilien 6, **31**, 40
– St. Georg 6, 37
– St. Gereon 6, 38
– St. Kolumba 18, 38
– St. Kunibert 6, 38
– St. Mariä Himmelfahrt **38 f.**, 85
– St. Maria im Kapitol 6, 39
– St. Maria in der Kupfergasse 20
– St. Maria Lyskirchen 6, 39, 85
– St. Pantaleon 6, 39
– St. Peter 39 f.
– St. Severin 6, 40
– St. Ursula 6, 41
– Trinitatiskirche 40 f.
Köln in Zahlen und Fakten 80
Kölner Dom vgl. Dom
Kölner Karnevalsmuseum 28
Kölner Pegel 16
Kölnisch Wasser vgl. 4711
Kölnischer Kunstverein 44
Kölnisches Stadtmuseum 20, 28
Kölnmesse 78
KölnTourismus 82, 87

Register

KolnTriangle 10, 44
Kölsch 13
Kolumba – Kunstmuseum des Erzbistums 7, **18**, **29**, 38
Kranhäuser 46
Kreishausgalerie 21, 67 f.
Kulturquartier am Neumarkt 7, 31, 79
Kunibertsturm 42
Kunst-Station St. Peter vgl. unter Kirchen St. Peter
Kürassierdenkmal 24
Kwartier Lateng 60

LANXESS arena 24, 44, 65
Literaturhaus 64
Löwenbrunnen 21
Lüpertz, Markus 37

Malakoffturm 46
Malzmühle 16, 58
Martinsviertel 11 f.
Mataré, Ewald 13, 38
MediaPark 7, 44, 79
Melatenfriedhof 44
Messen 84 ff.
Messeturm 25
Mikwe 14, 45
Millowitsch-Theater 7, 21, 64
Millowitsch, Willy 16, 44
Mit Kinder in der Stadt 70 ff.
Museum für Angewandte Kunst 17 f., 29 f.
Museum für Ostasiatische Kunst 21, 30
Museum Ludwig 6, 10, **30**, 79
Museum Schnütgen 7, 30 f.
Musical Dome 65
Musik 65 f.

Neumarkt Passage 21, 67
Nightlife 60 ff.
Notfälle 86
NS-Dokumentationszentrum EL-DE Haus 20, 31

Odysseum 31
Opernhaus **18 ff.**, 45, 65 f.
Opern Passagen 20, 67
Overstolzenhaus 45

Palladium 61
Peek & Cloppenburg/Weltstadthaus 45
Phantasialand vgl. Brühl
Philharmonie 10, 65, 79
Piano, Renzo 45
Platzjabbeck 12
Praetorium 14, 45
Presse 86

Rathaus 6, 12, 14, **45**, 79
Rathausplatz 14
Ratsturm 6, 12, 46
Rautenstrauch-Joest-Museum 7, **31 f.**, 79
Restaurants 52 ff.
Rheinauhafen 7, 46
RheinEnergieStadion 75, 79
Rheinhallen 25

Rheinpark 25, 46, 70
Rheinseilbahn 25
Riphahn, Wilhelm 18 f., 44, 45
Ringe 46 f., 60, 68
Romanische Kirchen (vgl. auch unter Kirchen) 6, 12, *83*
Römerturm 21, 47
Römisches Nordtor 8
Römisch-Germanisches Museum 6, 9 f., 32
– Dionysos-Mosaik 10, 32
– Grabmahl des Poblicius 10
Rudolfplatz 7, 21, 47, 68

Schauspielhaus 20, 45, 64
Schokoladenmuseum 33, 46
Schmitz-Säule 12
Schürmann, Joachim 12
Seilbahn vgl. Rheinseilbahn
Severinstorburg 47
Severinstraße 47
Shopping 67 ff.
»Siebengebirge« 46
Sightseeing, Touren 86 ff.
Skulpturenpark Köln 33
Spichernhöfe 47
Sprachhilfen für die kölsche Mundart 89 ff.
Stadtgarten 73
Stadtmauer 8, 21, 42 f., 46, 76, 77, 78
Stadtwald 71 f.
Stapelhaus 10
Synagoge Köln 40

Tanzbrunnen 25, 46, 66
Tanzmuseum 33
Theater 63 f.
Tickets 66
Tünnes und Schäl 12

Ulrepforte 46
Umweltzone 81
Ungers, Oswald Mathias 15, 33, 50
Universität 78

Verkehrsmittel 91
Volksgarten 73

Wallraf-Richartz-Museum & Fondation Corboud 6, **15**, 17, **33 f.**, 79
WDR (Westdeutscher Rundfunk) 20, 47
WDR-Arkaden 20, 67
Weihnachtsmärkte, -krippen 85
Weinlokale 57
WelcomeCard 82, 91
Wichtige Rufnummern 86
Willy-Millowitsch-Denkmal 16

Zentralmoschee der DITIB 41 f., 79
Zoo und Aquarium 72
Zoobrücke 25
Zumthor, Peter 7, 18

4711 Kölnisch Wasser 19
4711-Haus 20, 47

Go Vista

Auswahl aktueller lieferbarer Titel

CITY & INFO GUIDES
Setzen Sie auf die richtige Karte

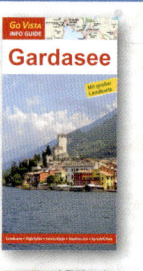

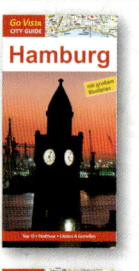

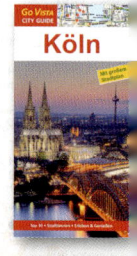

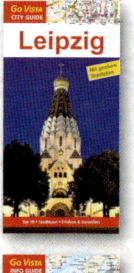

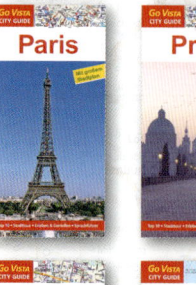

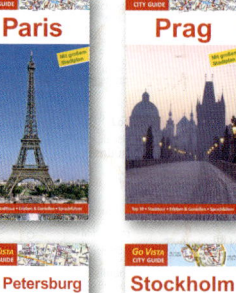

- Berlin
- Dresden
- Gardasee
- Hamburg
- Köln
- Kroatien
- Leipzig
- London
- Mallorca
- München
- New York
- Nordseeküste
- Ostseeküste
- Paris
- Prag
- Rhein-Ruhr
- Rom
- Rügen · Usedom
- St. Petersburg
- Stockholm
- Toskana
- Venedig
- Weimar
- Wien

Alle City & Info Guides haben 96 Seiten, 80–100 Farbfotos und eine ausfaltbare Karte. Bestellung unter: www.vistapoint.de